孩子的成长是我们家的事

刘 平 | 主编

东北师范大学出版社
NORTHEAST NORMAL UNIVERSITY PRESS

编 委 会

序 言

陪孩子一同成长

作为一名教育工作者，我一直思考着什么是真教育？教育的原点在哪里？

孟子认为：教育就是培养人的才能与品行，是对善的唤醒。

雅斯贝尔斯说：教育不仅是知识内容的传授，还包括生命内涵的领悟、意志行为的规范和灵魂的启迪。

杜威一语概之：教育即成长。

他们都道出了真教育的本质，那就是成就人的丰富心灵，关注人的成长。对于学校来说，促进学生全面发展、幸福成长已成为共识。

当然，孩子的成长离不开家庭，在教育孩子这条路上，学校教育和家庭教育是密不可分的。家庭是小的学校，学校是大的家庭。

在担任校长的几十年里，我一直希望学校就是孩子们的家，是一个能给予他们温暖、爱与信任的地方。将该书取名为《孩子的成长是我们家的事》不是我刹那的灵感，而是我心中不变的梦想：希望所有的家长能以良好的教育方式与孩子共成长，也希望教师能像家长一样以无私的爱陪伴学生。

《孩子的成长是我们家的事》包括三部分：

"学生篇"均是博雅学子的文章，我们能从这些稚嫩的文字中捕捉到他们面对新事物的丝丝茫然与小小忧伤，也能感受到生命拔节的惊奇与欣喜，更能体味到他们成长过程中的蓬勃与充实。

"家长篇"是学校举办家长读书沙龙时家长们的分享。无论是痛心的教训还是成功的经验，无论是教育的困惑还是个性的见解，都极具现实意义与教育意义。

"教师篇"源于老师们的教育实践。"没有爱就没有教育，没有上升到责任的爱就没有真正的教育。"从老师们的文字中，我们读出了素养、责任、爱与智慧。

学生、家长、教师在博雅这样一个大家庭里，同频共振，从容共育，共同成长。我也希望自己能与读者在这样一本书里，同书问道，追寻教育的本真，回归常识并践行常识。

谨以此书与大家共勉。

编 者

2021 年 9 月 11 日

目 录

I

家长篇

教师篇

学生篇

01

我的乐园

四（5）班　张弘浩

大家都有自己的乐园，有的是游乐场，有的是小公园。我的乐园和大家的乐园就不一样了，我的乐园是我的学校——博雅学校。

下面我就带大家看一看我的美好乐园吧。

说到博雅，我想大家都不陌生吧。在这里，有西霞山和南屏山，有十处喷泉，有农耕园，有骑马场，还有温馨和谐的宿舍，最主要的是有好吃的三餐。

在这里还有我开心美好的时光。我常和我的好朋友在校园里踢足球、下象棋……其实我不太会下象棋，正在学，在身边朋友的帮助下，我一天学一点儿，我相信有一天我可以用象棋打败我的老爸。

在宿舍里我经常做美梦，梦到妈妈给我买了一座城堡，梦到我能邀游太空……正在做着美梦，就被阿姨叫醒了，我也就迅速地穿好衣服，叠好被子，准备进教室。虽然美梦无数次被阿姨叫醒，但是我仍然很开心，因为我知道，到了教室还有更多的好朋友会和我玩更精彩的游戏，听到不同老师给我讲我不知道的知识。

这就是博雅，我的乐园，它带给了我开心与自信，带给了我欢乐与成长。

成长的故事

五（3）班　范紫萱

　　欢乐是幸福的使者，是眼泪的劲敌。我们都只想留下欢乐，但有时候又抵挡不住悲伤。眼泪过后，我们会成长，会逐渐变得成熟。

　　记得九岁那年的一天，爸爸妈妈都外出上班去了，临近中午，我想：平时都是爸爸妈妈把饭菜做好盛到我的面前，我张口便吃，今天他们都不在家，午饭可怎么办？总不能一直饿着肚子吧。我苦等着，想等到他们回来。可都到十二点了，他们还没有回来，我都非常饿了。我想到父母平日的辛劳，再说我也要十岁了，应该帮助他们减轻一些负担了。

　　于是我学着妈妈平时做饭的样子，先舀了几碗米放入锅中，再往锅里放入少量的水，把锅放到灶台上。接着，我又开始了下一道工序，我学着妈妈的样子，开始切菜。可菜仿佛不听我的使唤，在案板上滑来滑去。后来我才摸索到一些规律，费了九牛二虎之力终于把菜切好了。我闻到了米饭的香味，感觉快熟了，就把它端下来。把炒锅放在灶台上，把油倒入锅中，待油热了我就把菜倒入锅中。谁知道菜里面的水分没有沥干，油花四溅，把我吓了一大跳。

　　终于做好了！

　　这时候爸爸妈妈回来了，看到了我的"成果"，直夸我长大了。这是我生平第一次做饭，虽然做得不太好，但是我以后总会做好的。

妈妈的手

五（4）班　许宛清

是谁的手，温柔又细腻？是谁的手？纤长又美丽；是谁的手，灵巧又勤劳？

是妈妈的手。一双抚摸了我千遍万遍的手，一双牵着我从小到大的手，一双教会了我许许多多本领的手。

妈妈的手长得很漂亮。手指长长的，细细的，十分匀称；皮肤细腻又光滑。许多阿姨经常开玩笑说老天爷真是不公平，怎么让我妈妈长了一双那么好看的手。呵呵，听妈妈说，这曾经是她的小骄傲呦！

妈妈每天洗衣、做饭、打扫卫生，还要照顾弟弟，从早到晚，忙得天昏地暗，根本没有时间去保养她的手！渐渐地，她的手不再如最初那般光滑，变得粗糙起来了。

有一天，一家人在一起吃晚饭的时候，餐桌上突然多了一条鱼。我最喜欢吃鱼啦！当妈妈坐下来准备吃饭的时候，我突然发觉妈妈的手指上缠上了创可贴——妈妈在杀鱼的时候，手指不小心被鱼鳍划了两道血口子。看着妈妈被创可贴包裹的手指，依旧在上下忙碌，一会儿夹菜给爷爷，一会儿又擦奶奶桌边漏下的饭粒，一会儿又要给弟弟喂饭，妈妈手上那两道血口子像是划在我心里一般。

在我成长的过程中，妈妈的手不仅给我做出了各种佳肴，织出了一件又一件漂亮的毛衣，还教会我写字、画画、手工制作……

我希望几年后，等我和弟弟长大了，妈妈省事了，她要好好地护理一下她的手啊！

　　我希望妈妈这双爱我的手，能一直美丽……

| 校园杨梅节 |

成长，在博雅

六（2）班　罗谢美娴

　　三年，说长，一晃就过去了，说短，却又能让一个人慢慢学到许多知识。

　　还记得三年前，我初到博雅，映入眼帘的是一片绿意，清新的空气令人神清气爽。沿着博雅大道往里走，大道两边植满了绿树，绿树后是篮球场。初高中的哥哥姐姐们正顶着烈日打篮球，他们挥汗如雨，溢出来的皆是青春气息，让我更是对接下来的学习生活充满憧憬。

　　再往里走，是高大的教学楼与宿舍楼。正是二月份，楼下花虽未开，但依旧呈现出一派盎然的景象。寝室、教室的环境干净舒适，还未开始学习，我就已经想象出和同学们一起学习的美好画面了。

　　一个月后，和同学们打成一片的我迎来了餐前演讲。虽早就听闻博雅餐前要演讲，但没想到来得这么快。快该我登台了，站在台下的我不停地深呼吸，手心不停冒汗，腿不停地发抖。我颤颤巍巍地走上台，看到台下同学们举起的大拇指，我越发紧张，最后的结果当然不如我所愿。但我下台后，同学们不仅没有嘲笑我，还鼓励我，告诉我演讲的方法，老师也安慰我，我刚刚倒塌的自信心，又奇迹般地重新建立起来。后来的演讲，我一次比一次流利。我要感谢博雅，正是因为每一个学期的餐前演讲，我不再怯场，不再那么害怕上场。

　　在博雅，我也经历了无数的第一次。

　　第一次跑操，一圈刚刚结束，我就已气喘吁吁。不善运动的我偷

| 校园杨梅节 |

偷在心里埋怨为什么要跑操，但在同学的鼓励下，我成功跑完三圈。正是因为这每周的跑操，我的身体越来越好，还喜欢上了运动。第一次数学竞赛，我和同学五个人齐心协力，拿下第二；第一次英语朗诵比赛，经过反复练习，我们班成功得奖；第一次舞蹈比赛，我们日复一日地排练，拿下第二；第一次……

每一个第一次都让我们学会齐心协力、团结一心地去迎接挑战，最后取得成功。

博雅这个大家庭教会我们太多太多，这三年我们哭过，笑过，也被批评过，这一切的一切都是为了成就更好的我们！

不久我们便要离开博雅。

还记得最开始来到这里，我只是一个懵懂无知、害羞内向的小孩，现在渐渐蜕变成一个文质彬彬、理智担当的少年。

三年很长，长到能让一个人蜕变成更好的自己；三年很短，短到还没来得及好好道别，就要离开。尽管即将离开，但我永远不会忘记博雅教给我的知识，我会带着博雅给我的"礼物"，去成长，去欢笑，去迎接更美好的明天！

从博雅出发

六（3）班　陈思夏阳

两年前，我怀着忐忑来到博雅；现在，我怀着不舍和朝夕相处的老师、同学分离，出发去更远的远方。

时光的脚步太匆匆……

记得中秋灯谜汉服会的热闹，张灯结彩，绚丽耀眼的光芒令我难以忘怀。夏令营健康早操的欢腾、数学竞赛的奋力拼搏、乒乓球赛的众望所归……这些无一不是我在博雅的最美的音符。

书香翰墨的校园，有静心养灵的筑梦泉、快乐劳动的农耕园、威武雄壮的东方韵雄狮……这些都是我对母校的记忆。

学校的一天是多姿又多彩。

清晨初醒的时候，我们充满期待，将学习的黄金时间利用好，同学们离美好未来也就更近了一步。

晌午吃过饭，大家便有了倦意。学校给出一小时的休息时间，我们可以回到寝室小憩，与"地球保持平行"。

傍晚，霓虹渐变的风雅林，绚丽多姿。吃完晚饭的多数时间，那里是我们最喜欢的去处。

闲暇时间里，我的脚步会走遍校园的每个角落。风景，总是怡人的，即便同一个地方，也是百看不厌，毕竟真正的美景，经得住时间的考验。

晚上的晚自习，同学们安静地看书学习，老师在一旁陪读，我总是很享受这样的美好时光。

这一天，便平静安稳地度过了。

博雅，我的母校，带给我们很多的美好记忆，让我在此健康快乐生长。

博雅，我的母校，我想，这里应该是我梦想出发的地方。

少年，从博雅出发，冲吧！去追寻属于自己的光！

博雅中美国际夏令营

博雅，比家更大一点儿的地方

六（3）班　周雨晴

博雅，这个对我来说意义非凡的地方，毕业之季，它让我不愿离去。
在这里，留下了我很多的记忆……

记得游园会上的嬉皮笑脸，记得荧光夜跑中的矫健身影，记得数学竞赛时的信心满怀，记得研学旅行中的欢声笑语……每一帧图景都那么让人难忘。

早晨，白鸽的咕咕声把我们唤醒，整理内务，出发到食堂吃早餐。早餐丰盛美味，有粉有面，有包子有馒头，有豆浆有稀饭，搭配十分合理。

"一日之计在于晨"，早晨的黄金时间，我们进行字帖练习和晨读，一切都有条不紊地进行。上午，老师会为我们上很多有趣的课，一节节课，总是充满欢声笑语，同学们积极回答问题时的那一幕幕总在我脑海中挥之不去。

在欢乐中学完上午的课程。

《我的未来不是梦》，这首雷打不动的歌，每天午休起床时，校园广播里都会唱响，伴着歌声醒来，是多么美好的一件事情。

下午接着进行充实的学习。下午我们一般会上一些校本课程，我们的校本课程也是十分有特色的，我每天都特别期待。茶文化课，我们可以通过茶这个载体学习文化知识和礼仪知识；舞蹈课，可以锻炼我们的形体；武术课，可以让我们领略中华武术的博大精深；还有陶

011

艺课，我们可以自由创作各种有趣的小物品……这些课程，让我们学到了很多知识。

我对博雅产生了深厚的感情。这里有我可敬的老师，有我可爱的同学和朋友。我们一起到操场上散步，一起去泉边游玩，一起去打乒乓球，一起经历了很多有意义的事情。在博雅将近两年，这里有我太多的美好记忆。

有时我甚至想要时间停止。可时间它不等人啊，眼看我就要毕业，面临小升初，此刻我只能用文字表达我对博雅的感情。

博雅，我的母校，比家大一点儿的地方，今后我一定会为这个"家"争创更多的荣誉！

| 陪伴 |

花样年华

七（3）班　文靖霖

最美的花样年华，最美的成长之路……

她总是期待生命中的每一次成长，她总是淡漠地站在名为"评判"的镁光灯下，她看上去就像千里之外的森林里的小兔。

那个她，好像是曾经的自己。

现在的我，老是想起青涩无知的自己，然后感叹时间的流逝与世事难料。

儿时的我有着与年龄不符的独立成熟，同龄人还在学着"一加一等于二"，我已经开始背古诗。大小考试从未跌出班级前三、年级前十。用大人的话说，我从小就是"天之骄子""学习有天赋""聪明过人"。

也许是因为没遇到过什么困难与太大的问题，我开始浮躁，对学习无所谓甚至懒惰。我逐渐迷失自己，自满，取得一点儿成绩就沾沾自喜，仗着成绩好就狂妄自大，丢失了初心。

与父母的争吵，与初见时惺惺相惜的同学的疏远，让对我倍感期待的老师的失望，都令我感到陌生。

那个追求完美、谦卑的自己去哪儿了？她好像只是迷路了，我会等她，等她与我重逢在最重要的花样年华。我会自我救赎，让自己变得更好，吃得更饱，睡得更安心，直至做到真正的"无愧"。

恍惚间，我想起小时的同学。这位同学是大家眼中的"异类"，日常不是在做作业、刷题，就是在看书。而大家却是在抱团混日子，几乎每时每刻都黏在一起，讨论怎么打游戏，讨论哪一个男明星有多帅，再不济就是讨论哪部剧的剧情有多烂……

大家一开始也会问问其想法，试图将这位同学拉进热闹的讨论中，但这位同学每次都会说"我不知道"。次数多了，这位同学身上就难免会有"不合群"的标签，遇事时，这位同学淡淡一笑，云淡风轻，选择自成宇宙。

反观自己，为了展示自己有很多朋友，做一件事会大张旗鼓。因为害怕孤独和嘲弄，所以改变最初的自己去迎合大众。后来，在这位同学的身上，我似乎学到了什么，我对这句"别为了那些不属于你的观众，去演绎你不擅长的人生"有了自己的感悟！

接下来的日子，我知道自己该做什么了……

现在，我过得很好。遇事常有不如意，行动总会有阻碍，但无伤大雅，我在努力让自己变得更好，更爱自己。对身边的每一个人常怀爱意，对每个事物抱有尊重态度，对学习充满敬畏之心，最重要的是，我不再随波逐流，人云亦云，不当见风使舵的墙头草是我对自己最低的要求。我要演绎专属于我的小话剧，直到有一天我可以在最美的人生大舞台唱大戏。

最美的花样年华，最美的青春印记，我在反思中成长为最美的自己！

我的成长故事

七（5）班　胡嫒嫒

　　成长之路，是每个人的必经之路。我们就像被埋在大自然里的种子，在长成参天大树之前离不开无数人的陪伴和浇灌。

　　博雅，是我梦开始的地方。从小学到初中，我遇到的所有老师，所有同学，所有快乐，都与博雅有关。

　　二年级的时候，我遇到了人生中第一个恩师——陈老师。那时我无比糟糕，特别是字写得奇丑无比。可陈老师不仅没有放弃我，还很耐心地给我讲解每一个字的结构，教我书写。温柔的陈老师激起了我的学习兴趣，我开始好好练字，好好学习。

后来我的成绩一天比一天好，字也写得一天比一天好看。可到了四年级的时候，陈老师请了产假，知道陈老师未来很长一段时间不能陪伴我们了，我们很伤心。陈老师告诉我们，分分合合是人生必须要经历的。那天，我们哭着给陈老师唱了一首歌，目送她出了学校。

陈老师走后，给我印象最深的就是谭老师，她是一位年轻的女教师，我们班是她带的第一个班。当时我们班很吵，经常被学校扣分，我们很不听她的话，惹她生气。但是谭老师同样没有放弃我们，只要我们有进步，她就会给我们买好吃的。这让经常犯错被扣分的我们都感到羞愧。

还有，我们的数学老师余老师，更是深受同学们的喜欢。她是一位幽默的老教师，普通话不好，同学们经常笑她，她不仅不生气，还把这当成一种亲近学生的方法。

以及周老师，她经常陪我们玩，她多才多艺，给我们弹钢琴、吹葫芦丝，陪我们跳长绳、踢毽子，让我们觉得即使离开了家人，也不会感到落寞、难过。

我们这一生会遇到很多好老师，他们教会我们很多人生的道理。在博雅，我们一路遇见，一路成长。

我的成长故事

七（5）班　王诗琪

从我诞生时就开始谱写着人生华章，第一页、第二页、第三页……每一页都记录着成长的点滴。

幼儿时期，我拥有一个个串在枕边的故事。每一个夜晚，爸爸和妈妈总会陪我入睡，一声声"宝宝，睡觉"在我心中荡起一股股暖流。听歌、听故事已成了我每晚的必修课。《小红帽》是我的最爱，我总会吵着闹着让爸爸妈妈为我讲。我爱听这个故事，但其实我是爱听爸爸妈妈的声音。

讲了故事，一首动听的"睡吧，睡吧，我亲爱的宝贝"萦绕耳畔，让我每个夜晚安然入睡。

"裤子又短了，该买新的了。"

一年级了，一切都变成新的了。我有了老师、同学，开始了人际交往。那时候的我，胆小、害羞，不敢说话。在群体中，我慢慢锻炼自己。我每天还会像以前一样，在校门口等着爸爸来接。上了二年级，因为爸爸工作忙，下班时间又晚，所以我自己回家。从那时起，我养成了独立的习惯。三年级，爸爸经常工作到深夜，妈妈八九点钟才能回来，妈妈只能每天早上做好饭，放在冰箱，我放学之后自己热着吃。

爸爸从那时起就没什么时间管我了，我只能独立，但我没有耽误学习，妈妈欣慰地说："真棒！"

四年级了，我学会了自己做饭，已不用爸爸妈妈操心。虽说如此，

| 学生绘党史活动 |

　　每当下雨天，他们还总是千叮咛万嘱咐要我带伞；天气冷了，总不会忘记提醒我多加一件衣服；大热天，爸爸总会额外给我钱，说："天热了，买根冰棍吧！"虽然他们很少陪我，但这些记忆都让我倍感温暖。

　　以前的稚嫩已消失，现在的我也有了成熟的影子。我不再是妈妈手心里的小宝宝了，我已成为一个独立自主的小大人了。我已不再听那生动的枕边故事，也不是那个一直在妈妈身边的小娃娃了。可是，成长对于我来说才刚刚起头，有的是故事，有的是希望，我会把这篇华章继续谱写下去……

成长回眸

八（1）班　蒋洁

回眸来时的路，崎岖上早已繁花盛开。

——题记

　　命运如同海风，吹着青春的舟飘摇渡过了时间的海，回首过去，一路崎岖早已繁花盛开。

　　回望过去，我想在成长这条路上，我算是一个幸运的孩子。我小的时候，父母便为我提供了一个良好的学习环境，为我日后的学习打下了基础。记得妈妈总是打趣我说："你小时候啊，没有写完作业，让你出去玩你还不愿意呢。"我听了之后总是笑笑，其实也感谢过去的自己付出的努力。在教育方面上，我的父母好像与我所了解的"中国式父母"不大相同。我印象很深的是，有一次小学同学向我抱怨自己放学回家后还要上各种补习班，而我不一样，我没有去过任何补习班，没有收到任何关于成绩上的要求，于是我问父母："为什么你们没有像别的父母一样让我去上各种补习班呢？"妈妈说："因为我们不想让你在这个年纪背上太重的负担。"这句话我记了好久。我也记得就在不久前我告诉爸爸妈妈，我的成绩好像下降了，我没有等来想象中的批评，等来的是这样一句话："别给自己太大压力，你的人生还有很多路可以走，学习不是你人生中唯一的一件事。"当时我愣了好久。所以我从没有和"别人家的孩子"被对比，相反，我总是收到许多来自父母的鼓励。常常会有同学说："好羡慕你有这样的爸爸妈妈。"其实我也觉得很幸运能遇到他们。

我的父母也给了我足够的尊重，他们不会去过问太多我的生活，在关于我的事情上也总是让我自己去做选择，包括我选择哪个学校就读这样的大事。我并不是独生子女，我还有一个弟弟。但是我的父母也从来没有让我体会到网上所说的"重男轻女"，我的东西和弟弟的东西分得很明确，我和他的关系也很好。

记得那次妈妈告诉我："那次带小宝去买衣服，他说还要给姐姐买衣服，不然他也不要。"我很幸运能遇见他们，让我成长路上多了那么多的温暖。

我还遇到了许多朋友，他们会在我成功时说："你可以的！"也

会在我失落时说："你可以。"小学时我因意外右手手腕骨折，朋友们就整天陪着我，为我"保驾护航"。即使我们遇见了十字路口，他们也会说："我们要在彼此的顶峰相遇。"

也很感谢遇见了我的老师们，他们在关键时候为我鼓掌撑腰。

很幸运遇见他们，他们为我的成长添加了浓墨重彩的一笔。他们在我不自信的时候对我说："不要胆怯，不要害怕。"在我走下表演台时给我拥抱，说："鲜花和掌声与你相配。"他们会在开学时对我说："欢迎回家！"也会在我生病时，把我送去医院，为我熬金橘水、红糖姜水……感谢他们为我点亮了前路的明灯。

感谢自己一次又一次的坚持与不服输，能在跌倒后拍拍身上的灰尘继续向前，即使对自己有过一次次的否定却仍然没有放弃，让自己爬过一山又一山，攻克一次次难关。

其实回望我成长的这条路，一路崎岖早已繁花盛开。这一路不只有我自己，更有我遇见的人陪我一起。未来的路还很长，我还会继续成长，朝向太阳升起的地方。

学生篇

有你们真好

八（2）班 陈静蕾

回望博雅时光，谢谢你们陪我成长。

——题记

在人生路上，会经历许许多多的事，也会遇见许多有趣的人。每一次遇见都会有它独特的意义，无论给你带来的是悲伤难过抑或是开心喜悦，这些都是我们无法抹去的记忆。

回想两年前，我告别小学生活，真真正正地成为一名中学生，走进一所陌生的学校，陌生的班级，遇见一群不相识的人，似乎一切都变得这么的陌生。两年后，我与这个友好团结的班集体发生了许多点点滴滴让人难忘的事，虽然漫长的岁月可以磨灭人的许多美好记忆，唯独磨灭不了的是和大家一起发生过的种种情景。

有你们真好，让我不再感到难过。

那个秋日的黄昏，夕阳暖暖的。你们也好似那余晖一样温暖着我：那天我心里有好多的烦心事，你们陪我一起在校园中漫步，我给你们倾诉了好多好多的事情，你们一边拍着我的肩膀一边安慰我。那一刻我就在想，遇见你们，真是莫大的幸运！

有你们真好，让我不再感到害怕。

"看着飞舞的尘埃掉下来，没人发现它存在，多自由自在，可以界都爱热热闹闹……"那是一次英语歌唱比赛，在快结束时，就放了这首歌，你们知道这是我喜欢的歌，于是就想办法将话筒递给我。我拿到话筒后，你们似乎看出了我的紧张，便和我一起唱完了这首歌，那时真是很感动。

有你们真好，让我不再感到彷徨。

那是一次月考，当我考完物理从考场出来时，想到自己做错了好多题，一直很内疚，心里下起了小雨。结果你们拿起我的答题卡，把我的错题仔细给我讲了一遍，帮我分析错的原因，还安慰我道："没事的，下一次认真读题就好了。"那时顿感一股暖流在我心中游荡，不断洗涤着我的心。

"上帝安排你在那所学校读书，那这所学校肯定有你想遇见的人。"我不后悔我选择了博雅，在这里我学会了勇敢，结交了许多我想珍惜、想守护的朋友。因为有了你们，我才体会到友谊带来的快乐与幸福，好想和你们一起走过千山万水，尝遍人生的酸甜苦辣。

在我成长的旅途中，你们一直是那璀璨的北斗七星，在漫漫长夜中指引我前进！我想对你们说：成长路上，有你们真好！

我的成长之路

八（2）班　李可珂

成长，伴一路芬芳；成长，闪烁着光芒。明媚过星辰，渗透了一季花香。谨以此文献给我的博雅老师们。

——题记

时光荏苒，白驹过隙。转眼间，我已长大，成为一名初二的学生。回望过去，记忆如繁星点点，每一段经历，每一段过往，都在心底那个角落留下了深深的烙印。

浮光摇曳，我们从相遇、相识到相知。回首一路走来，最初的记忆变得些许模糊，但似乎又渐渐地明朗。后来你们的身影愈加清晰，纹理分明。

2020 年，我走进了梦寐以求的博雅。天真无邪的年纪，幸运的我遇见"疯狂"的你们。我的喜怒哀乐总有你们的相伴，我的成长离不开你们的真情呵护。留在记忆中的那缕风，见证了我们的过往。

我们不会因为分歧而疏远，不会因为吵闹而有隔阂。尽管是我的任性我的不对，你们也一如既往地包容我，陪伴我。一年、两年……我已习惯了你们那样深的"宠溺"，我已习惯了在你们的树荫下尽情徜徉。只是不知道有一天，你们离开了，我该怎么办？在你们面前，我是个倍受宠爱的孩子。我知道，你们这样默默无闻地陪伴，你们这样毫无怨言地呵护，只为我今后的路走得更高，更远，更靓丽。

从我跨进博雅的第一天起，不管是春夏秋冬，还是寒来暑往，你们与我们一起读书写字，一起唱歌跳舞，一起锻炼身体，一起吃，一起住，一起玩……我们就像你们的亲生儿女。你们从不抱怨自己的累与苦，你们总是隐藏你们的辛酸，面带微笑，轻言细语，孜孜不倦地教导我们如何提升自己的成绩，教育我们如何改正自己的缺点，指引我们如何在未来的路上走得更加稳健。

每天的学习，你们总是对我们关爱有加，不论在什么时候，你们都会把我们的学习放在心尖上。吃完饭后，你们也放弃休息时间，拖着疲惫的身子来到教室辅导我们，帮助我们，与我们共同学习。在你们的精心呵护下，我们的成绩得到提升，许多课上不懂的知识，遗留的问题，都被迎刃而解。

生活中，你们教会我们成长，教育我们成为一个懂事的小孩。不管我们寝室出了什么问题，你们都会第一时间赶来，帮我们解决难题。有时班上的卫生打扫得不够干净，你们毫不犹豫地拿起扫把帮我们打扫。诵读励志信时，你们常常自己走下来亲切地替我们调整坐姿，让我们以后能够拥有良好的形体。傍晚时分，你们像我们的守护神一样，带着我们从教室排队回到宿舍，还在宿舍与我们热心交谈，一起讨论，一起拍照留念，缓解我们对家的依恋。

在你们的指引下，我们学会了细心做事，学会了互相帮助，团结友爱，还学会了挖掘生活中的种种乐趣。再平淡的生活也能找出轻松愉快的乐子。

波澜不惊的生活，掠过轻风，渗进快乐的气息，我的世界，芳香馥郁……我的成长之路，有你们相随，一路芬芳。

感谢你们在我成长路上的陪伴，感恩你们，我最亲爱博雅老师们。

苹果

八（2）班　杨徐美惠

　　苹果是我最爱的水果，会一直是。

　　小时候，我最讨厌吃苹果，因为我觉得苹果干巴巴的，汁水总是那么少，不可口。

　　外婆知道后，就跟我说苹果是仙人果，吃了能长命百岁，还说我正好就是从苹果树下捡回来的……我听了外婆的话，慢慢地就接受了苹果。

　　从那时起，外婆每天会接送我上下学，我书包里每天都会放着一小盒用保鲜膜盖着的水灵灵的苹果块，那是外婆清晨给我削的。外婆总念叨："惠惠喜欢吃苹果，但又啃不完，不如切成块状放在盒子里，再放几根牙签，在学校饿了就吃上一两块……"也正是因为这盒充满爱的、从不缺席的苹果，让我结交了很多朋友，这都是分享得来的。

　　初中后，外婆已经年过花甲，每次我回去看外婆，她总是会问我："这周要带些苹果回去吗？"

　　我点头应和着："嗯，好，带五个。"

　　外婆也点头笑着说："好。"

　　于是她拿起苹果小心翼翼地削着……外婆坐在洒进阳光的阳台上，好像正在雕刻一件精美的雕像。看着她，我感受到一阵暖意，这种时光温馨又带点浪漫，令人不能忘怀。

　　日子就这样周而复始地过着，岁岁如此。

岁月的静好因外婆的离世被打破了。外婆的肝一直都不好，我竟然是在她离世后才知道的。相比父母，我和外婆的感情甚至更深些，因为我从小是外婆陪着长大的。外婆离世那天，天空格外的灰暗，屋顶有一群不知名的鸟像约定好了一样，徘徊着，久久不散，外婆就这样安安静静地离开了人世。

看见外婆床头还摆放着亲友探望带来的苹果，我的泪水又一次决堤。

小时候我问外婆想不想外公，她迟钝了一会儿，说想啊。我问她为什么不哭，她跟我说："天底下没有不散的筵席，离世了的人就让他留在心里好了。"我会永远记得外婆，也永远怀念外婆给我削的苹果。

又到了苹果成熟的季节，我与母亲来到苹果园。看见那被红色浸透的果园，我又想起了外婆说我是在苹果树下捡到的……

外婆，我多想和您再度相逢在这苹果园里，我定会紧紧与您相拥……

[校园一隅]

照片里的故事

八（2）班　赵骋骋

　　翻开那一叠厚厚的破旧的相册，这些流逝的岁月，都是时间的踪迹，是情感的凝聚啊！看着那泛黄的照片，和家人一起在现实和回忆的时空隧道里来回穿梭，凝视照片中的人物，他们一个个都变得立体鲜活，照片中的场景都在脑海中浮现。

　　忽然，我看到一张照片，这使我正在翻动相册的手突然定格在半空，照片里是一个小姑娘正在把她的黄色针织毛衣拉下膝盖，她的脸

| 校园农耕园种植 |

上还绽放着笑容。我仿佛被拉进时空的缝隙里观望曾经……

那天是除夕，五岁的我和爸妈一起回了老家。阳光明媚，我们去了油菜田。到了油菜田，爸妈就坐在田坎上闲谈着什么，而我只管在田垄上跑着，尽情撒欢儿，任凭风在我耳边呼啸。当我跑累了，就躺在油菜田中，和大地来一次紧紧拥抱，阳光轻柔地抚摸我的脸庞，我看着碧蓝的天，耳边不时响起鸟儿婉转的歌声，手里攥着把细细的沙土，此时我的身体舒展到说不出的"大"，我好像是被放空了。

在这被暖意包裹着的大地上，我有些迷糊了。我听见风儿不知在和自然交流着什么，我也乐得前仰后合。太阳配合着风，尽情地散发着柔和的光，田坎边有一些零星的不知名的小野花，花瓣莹亮金黄，着实惹人怜爱。我被它们的细语闹着，双手撑地爬了起来，摘了一朵小野花小心翼翼地抚摸，轻轻地把花凑到鼻边，我明显感觉一股沁人心脾的幽香钻进我的心房。

于是，劲儿又来了，我把正在一旁欢快闲谈的妈爸拽进油菜田里，兴奋地说："你们看，我可以把毛衣拉到膝盖下面！"爸妈被逗笑了，拿出了手机定格了这一瞬间。

落日余晖刚刚好，清幽的油菜田刚刚好，一家人其乐融融刚刚好，我的笑颜刚刚好，"咔嚓"一声，定格了我最美的成长记忆。

学生篇

幸福

八（4）班　刘家亮

　　幸福，是母亲一声温柔的叮咛；幸福，是父亲一次粗糙的抚摸；幸福，是朋友一句温馨的话语；幸福，是家人团聚时的点点温情……

　　我们渴望幸福，但生活总不如愿，总有那一幕幕触目惊心的惨剧带来震撼与悲痛。

　　我的脑海里一次又一次浮现那个坐在篮球里的女孩——钱红艳。她原本是一个天真活泼的小女孩，可是一场无情的车祸让她失去了自由，也改变了她的人生。她永远地失去了自己的双腿，只能用半个篮球当作下肢，挪动着身体艰难地行走。从那以后，她脸上再也没有一丝笑容，听不到一声歌声，只有孤寂陪伴着她。她的心从此封闭在小黑屋里，没有人能够闯进她的基地。

　　她依然紧锁着那清秀的眉头，只因她在沉思，沉思着谁能还给她一双腿啊！她是多么渴望能与伙伴们一起玩，多么渴望能背着书包去上学呀！可是，这些再也无法实现了。想到这儿，我真为钱红艳感到痛心，但我更恨那个司机，他用无情的双手折断了小女孩未丰的羽翼，带走了她的快乐，毁灭了她的梦想。

　　当下，一件件血淋淋的事件还在发生，一幕幕悲痛的情景还在上演，一个个不遵守交通规则的现象还在出现。文明的城市里不断演绎着不文明的画面：大人们拉着孩子横穿马路的无所畏惧；同学们在马路上嬉戏打闹的背影；斑马线上汽车从行人身边飞快驶过的惊险；路

［陪伴］

人翻越护栏的丑态；两车相撞时散落的碎片和斑斑点点的血迹……

如今，回想起来是多么令人害怕呀！人们把生命当儿戏，把交通安全当成了玩笑，把幸福随意地践踏。我真为这些人感到可耻，在这里我想大声对他们说："遵守交通规则，珍爱生命吧！因为，我们渴望幸福！"

我们渴望幸福，渴望生活更加美好，渴望生命之花永远绽放，渴望安稳地成长……

遗憾也很美

八（4）班　吴世涛

"人有悲欢离合，月有阴晴圆缺，此事古难全……"

凋零的花朵是遗憾的，但是它可以融入泥土滋润新苗；失聪的贝多芬也是遗憾的，然而他的音乐令人震惊；那断臂的"维纳斯"雕像，也因残缺而无与伦比。

遗憾不能成就完美，却是完美最恰当的注解。

| 校园一隅 |

遗憾就如同一颗裹着苦涩外衣的糖，甜是它的真味。就算我们一次又一次失败，一次又一次失去机会，只要我们体会到那遗憾背后的甜蜜，人生也因此变得美丽，变得超凡脱俗。

"尺之木必有节目，寸之玉必有瑕适"，这是自然规律。有一个渔夫，从海里捞到一颗晶莹圆润的大珍珠，为了去掉珍珠上的小黑点，他将黑点层层剥去，最后黑点没有了，珍珠也不复存在了。那颗珍珠的不复存在令我们倍感惋惜。

遗憾就是一种美丽，不要为相貌遗憾；只要有一颗真诚的心，就不必为今天的失败遗憾，明日的辉煌一定不远；流水不会因自己的软弱遗憾，因为它哺育万物，滋润苍生。

遗憾是一种收获，它是另一种形式的伟大；遗憾不是本意，它是另一个方向的追求。遗憾是一种美，一种超常态的美。它拥有震撼人心的力量、泽润万物的神情，这种美让人向往，更让人追求。

在我们成长的路上，会遇到各种遗憾。面对遗憾，我们难免伤感，如果我们能从其背后发掘那独特的美，也许遗憾会变得更加的美丽诱人。

成长

八（9）班　黄诗雨

我本不是天赋异禀之人，在茫茫人海中也很平凡。可我的人生不是潦草诗，这一次我想改写航线……

我对自己的未来很迷茫，不知道自己能做什么，能做好什么。我想，我现在能做到的只有学习。

在我小学五六年级时，我的成绩开始大幅下滑，从班级上游跌到了班级中下游，直到我进了这博雅所学校，我的老师、我的同学给了

| 校园一隅 |

我努力的勇气和信心。

星星坠入深海，太阳从碧蓝的海平面升起，星星在深海仰望太阳的光芒万丈，我在阴暗的角落渴望得到世人关注的目光。我不甘堕落，我选择奋斗。如果结果并不如你所愿，那就在尘埃落定前为自己奋力一搏。

我能做到的，只有学习。学习并不难，而在于你想不想学，愿不愿意努力。

于是我努力学习。别人在玩的时候我在学习，别人在睡觉的时候我在学习，别人在学习的时候我也在学习。我只有比别人更努力，才能比他们更优秀。我并不是为了攀比，而是为了获得更多的选择权，去到更远的地方，成就更好的自己。

在这个过程中，我也经历了挫折。我在跟跄中前进，在跌倒后跃进，逐渐强大。在这个过程中，我遇到了一起努力的朋友，帮助我的老师和支持我的人。

我以昂扬的姿态迎接未来，向着远方前行，不顾烈日灼烧，不惧风雨洗礼。也许我错过了今天的落日，但我可以早起，去迎接明天的日出。我努力奔跑着，是为了追上那个，曾经被寄予厚望的自己……

当迷雾散尽，天光大亮，我看清了远处的灯塔。奔走在漫漫时光中，褪去青涩，我终将成为我故事的主角。

学生篇

成长就在一瞬

八（9）班　卢佳馨

　　每个人的心中都有一段无法忘记的回忆，我也不例外，它不仅让我难忘，也让我成长。

　　我的父亲，是一个非常严厉的人，我很小的时候，他就对我十分严格，他希望我能出人头地。当我还在幼儿园的时候，他就给我报各种各样的补习班。当别人都在玩的时候，我已经在各种补习班之间奔走。父亲说过"知识改变命运，你想过得好，就必须比别人更努力"。如果说人生是一条跑道，我却看不到终点，只会努力奔跑。

　　上了小学，我依然在补课，每天下了课就得奔波。有人问过我不累吗？累，我也想放弃。可父亲听到我有这个念头，会狠狠地批评我，会罚我跑步。自那以后我再也没有过这个念头。五年级那一年，我逃了课，父亲被请到学校了。老师对我的父亲说："这孩子平常都挺优秀的，也挺乖的，可今天她突然逃课，问她原因她也不回答，我们实在没有办法才请您来谈一谈……"

　　听着老师语调一句一句提高，我一点一点低下了头。我不知道怎么面对父亲，我也不知道怎么面对老师，不知不觉泪水就落下了。可我立马擦干净，因为父亲说过："眼泪是解决不了问题的，流眼泪是一种懦弱的表现。"当他们还在谈论的时候，我冲出了办公室。我不知道我跑了多远，不知道跑了多久，也不知道跑到了哪里。我站在大街上，看着川流不息的行人，突然忘记了自己为何跑出来。脑海中又浮现出了父亲一言不发地站在老师身旁的情形，我又低下了头，不知该怎么办。那天下午，我就那么站着，直到天黑。摸着黑，我一点一点朝回家的方向走去。走到小区路口时，我看见了一个身影，那是父亲。他就站在路灯下，看着我一点一点向他走去。正当我不知如何开口时，父亲只是拉住了我的手，牵着我朝家走去。

"明天去给老师道个歉，好吗？"父亲慢慢说出这句话。可我没有回答，父亲也没有执着。我很诧异，为什么他不像老师一样质问我逃课的原因？回到家中，我满怀心事地睡下。

第二天一早，我在床头看到了一张便笺："我知道是我把你逼得太紧了，这点爸爸向你道歉，你不想上补习班我们可以好好沟通，但是不能逃课，补习班爸爸给你减少一点，给你多一点自主的时间，好吗？爸爸也知道，看到别人在玩的时候你眼中满是羡慕，所以爸爸也在反思自己，希望你能理解爸爸，爸爸也是第一次当父亲……"

后来到了学校，我向老师道了歉。周六，我发现我要上的补习班少了许多。星期天，爸爸让我和我的同学们出去玩，我很诧异。

"去放松一下吧，我知道你想去的。"父亲慢慢说道。

我突然理解了他，理解了这位严肃父亲的良苦用心。

直到现在，我都很感谢父亲，感谢他当时没有问我逃课的原因。虽然他很严厉，但我知道他是为了我好。他教给了我很多道理，是我成长路上的指明灯。作为一个过来人，他在帮助我少走人生的弯路。

成长并不需要经历太多的事，或许在某个瞬间，你顿悟了，你也就成长了。

蜕变

八（9）班　王佳怡

成长本就是一次次痛苦的蜕变，不经历又怎会成长？我的成长是无数次的跌倒与爬起。我的志向，也不过是去往理想的大学，可现实无数次给我重击，但我依旧没有倒下。

天，是暗沉的；风，是无情的。我的心，也是渐渐冰冷了的。一份份冰冷的成绩单拿在手中，慢慢打开，分数让人不忍直视。那时教室的灯光是刺眼的，让我不敢把头抬起来。原本炽热的心，也像被冰水浇透了般渐渐冰凉。考试前我用尽了所有力气学习数学，成绩却不见任何起色。有时候我多么希望，数学成绩可以像语文成绩那般好，可总是事与愿违。

领完成绩单后，数学老师再一次把我叫进了办公室。我承认，那一刻我退缩了，我开始想放弃了。我曾无数次产生过同样的想法，可是又不想让我之前的努力全部白费。

没过多久，我的心中又燃起了一把火，这把火这次要为数学燃烧。我下定了决心要攻克数学。失败我经历得够多了，该是爬起来的时候了。

七年级的第一次月考，我取得了班级第六名的成绩，这让我惊喜不已，我都不敢相信我可以取得如此好的成绩。我莫名有些担心，担心下一次成绩会下降，担心过后便又进入了紧张的学习状态。但还好，从那以后，我每一次考试成绩排名，都在前十名或前十五名，我也渐渐调整好学习状态，学会了劳逸结合。这种方式，相对之前来说也会轻松些，直到现在，我的成绩排名也相对稳定。

虽说数学依旧是那个拖后腿的科目，但成绩相比之前也有所上升，分数一次比一次高。我相信，我不是学不了数学，而是需要充足的时间去学。吃完饭后，在晚自习前会有一段空闲的时间，我会选择去老师们那里请教问题，老师们总是耐心地帮助我。只要分数能有提升，我就会愿意去尝试。

身边的朋友只要知道我的分数，往往都会对我说一句："学霸啊，不愧是学霸。"听到这声称赞，我只是微微一笑。因为我深知自己并不是什么"学霸"，我也只是一个极其平凡的学生，我只不过是把更多的心思花在了学习上。我对自己再清楚不过，只要我太过放松，下一次我的学习成绩势必会下降。我只要努力了，也便没有遗憾了。

心中有爱，心中有梦，就会蜕变、纷飞。

白纸作画

八（10）班　曾鲁睿

每个人最开始都是一张白纸，每经历一件事，便会在上面增添一抹色彩。每个人的经历不同，所以每张纸上的色彩也不一样。

三岁，我与姑妈出去玩，在放风筝时我和姑妈走散了，我第一次体会到身边没有一个亲人是什么样的感觉。害怕、无助，瞬间将我席卷。但那也是我第一次得到陌生人的帮助，让我感到非常温暖，也使我明白了好人总比坏人多的道理。我的这张白纸上增添了一抹温暖的色彩。

四岁，我很调皮，偷拿了隔壁烤鱼店家的号码牌，跑着下楼时滑倒了，腿被车给轧骨折了，那是我第一次如此真切地感受到疼痛，那是一种一辈子也忘不了的感觉。为了给我治腿，我们家经济变得更加困难。那时，我的这张白纸上增加了一抹痛苦的色彩。

八岁，我得了肺炎，在医院住了好久。老师每天发信息告诉我当天上课的内容，每天请班上同学帮我带作业。为此我深受感动，热泪盈眶。那时，我的这张白纸上增加了一些感动的色彩。

十岁，我生日那天，病重。父母夜里带我去医院，奔波了一晚，那是我第一次体验到父母的不易。那时，我的这张白纸上增加了一抹亲情的色彩。

十一岁，我第一次与父母发生了矛盾，第一次歇斯底里地与他们吵架，第一次情绪失控，第一次彻夜未眠，不停地流泪，在那之后，我与他们冷战了好几个星期，在那段时间里，我曾想过要放弃学业，荒废自我；想过要离家出走，外出流浪……最后，我问自己，这有什么意义？我第一次开始反思自己，站在父母的角度去思考问题。然后坚定地告诉自己：这没意义。那时，我的这张白纸上增加了一抹叛逆与理智的色彩。

十二岁，我第一次与昔日好友、同学、老师分别，那些曾经朝夕相处的人可能要好几年才能见到一次，也有可能再也见不到了。那时，我的这张白纸上增加了一抹离别的色彩。

十三岁，爷爷去世，我第一次体会到亲人离去的感觉。那天晚上，我莫名地难受，我在爷爷灵前站立了很久，爷爷仿佛是睡着了一般，我也只当他睡着了。因为我不愿，也不敢接受这个事实，那个身体如此之好，整天光着膀子锻炼的爷爷就这么离开了我们。那时，我的这张白纸上增加了一抹离别与悲伤的色彩。

十四岁，学习的负担一点点加重，在学期结束后，我得知，外公去世了。我连外公的最后一面也没有见到。听我妈说，外公去世之前一直想要见到他的儿女，人没到齐之前外公一直在呻吟，待人来齐之后他便一声也不吭了。妈妈说外公走的时候很安详，就像平时睡着了一样。以后回到老家，我再也见不到那个整天跟我们有说有笑的外公了。那时，我的这张白纸上离别的色彩又加重了些。

十四岁，我开始努力学习，在博雅八（10）班这个温暖的大家庭里，我有了诸多改变，变得稳重理智，懂得奋力拼搏。最初那个懵懂稚嫩的我，如今已是阳光少年。这时，我的这张白纸上增加了一抹成熟的色彩。

每个人最初都是一张白纸，每经历一件事便会在上面增添一抹色彩。如今，我的这张纸已经变成了一幅灿烂的画卷。将来，它还将更加灿烂！

您从未参与我的成长

高一（4）班　吴　珊

敬爱的父亲：

　　展信安！

　　是夜，雨无声地落在大地上。我翻开日记本，扉页上的"是你让我来到这个世界的，可为什么要让我独自一人走远"映入眼帘。这句全是埋怨的话促使我给您写下这封信。

　　今天晚自习上到一半，班主任把我叫了出去，原来是您想让我打个电话回家，但我沉默良久，始终没有打。不知您对我是关心，是责备，还是鼓励？所以就不想面对。回到教室的我情绪低落，同桌察觉后立马安慰我，他极力逗笑我的样子真可爱，这就是博雅的同学情。

　　爸，您不同意我来博雅，而深恋博雅的我选择与您作对。开学那天，我独自拖着行李爬楼，四楼，六十个台阶，我来来回回跑了五六趟。在宿舍铺床的时候，同学妈妈夸我："你真懂事啊，很独立。"这简单的夸奖，却深深刺痛了我的心。

　　我已经习惯了，这样的独立。

　　那是很多年前，六岁的我被您牵到小学门口，人生第一次也是唯一一次享受到您给我背书包，可下一秒您却说："上小学了，就得有小学生的样子，自己的事情自己做。"就这样，您把沉重的书包毫不留情地压在我背上。您走了，走得决绝。也正是那一天，找不到教室的我在陌生的校园里哭得撕心裂肺。

因为您的忙碌，我从小学到初中，九年了，开家长会时，我的位置上永远没有家长。

这个学期在一次在打扫教室卫生时，班主任让我们搬桌子，当我正准备搬起自己的桌子时，听到一句："你搬得动吗？要不我来帮你吧。"我回头，是班主任的笑脸。一股暖流流进心底，又流向眼睛，我笑着说了句谢谢，自己把桌子搬走了。爸，您把沉重的书包递给年幼的我的时候，从不曾问我背不背得动。但在博雅，我却得到了老师的关心。

学期开始，学校通知搬书回教室的时候，我以为又会像以前的学校一样，几个人跑好几趟。但是我错了，我们班里所有的同学都排着队，每个人手里都抱着一摞书，一起回教室。那天的夕阳刚刚好，晚霞的橙红闯进了我的视线。在博雅，我懂得了团结。

博雅的礼仪，说话时轻声细语，排队打饭时手里捧着书，对打饭的阿姨说句谢谢，吃完饭自己把桌子擦干净……在路上遇到老师们时，不管认不认识，我们都会和老师们打招呼，老师们都会回一个甜甜的

校园一隅

微笑。在博雅，我感受到了舒心。

　　爸，我的选择没有错。快一年了，博雅始终以无声的爱意滋润着我的心，治愈着我。我越来越爱这个"家"，以至于我常常后悔为什么没有早点来到这里。您从未来过这里，从未来过我深爱的博雅。爸，我多希望您能在女儿毕业之前来一趟博雅，让我好好地把这个"家"介绍给您，让您参与参与我在博雅的成长，让您能欣慰地笑着对我说："幸好当时我反对的时候你坚持要来这里。"爸，"海阔凭鱼跃，天高任鸟飞"，我多想您能在我跳跃的时候为我加油，在我飞翔的时候给我鼓励啊！

　　此致
敬礼！

最爱您的女儿

2021 年 3 月 5 日

我的博雅画卷

高二（2）班　付颂婷

　　青藤丝丝，卷走几多年华；花香阵阵，熏醉多少往事？在被博雅沃土滋养的近五年里，我也在学着不断自我突破，自我调整，自我修正。这都是博雅在潜移默化中所给予我的，这是一种向上爬的力量。那些印记，化作了亘古的画卷，在我的成长历程里熠熠生辉。

学生篇

画卷初展

　　以博雅为镜，正其根。初临博雅便迎来为期一个月的封闭式军训，才待了几天，起初的那层"新鲜感"便悄然不在，因念家抑或是种种不习惯，我用力哭嚷着。

　　每天清早读《论语》读哑嗓子，是博雅留给我的第一印象。而当感受到班级莫可名状的凝聚力，寝室阿姨们的负责与无微不至的照顾，以及食堂用心为我们准备的热腾腾的饭菜时，那些负面的情绪都在博雅所给予的温暖里悄然消逝。那被晒得黝黑的"壳"，也算是自己初临博雅所赢得的勋章。一个月的磨炼，说长不长说短不短，却是十二岁的我们逐渐蜕变迈向成长的新开始。

　　"最可怕的敌人，就是没有坚强的信念。"罗曼·罗兰这样说过。的确，成长是一个抽丝剥茧，水落石出的过程，成长过程中拥有坚强的信念是我们进步的坚固基石。

岁月不居，时节如流。博雅用三年陪伴，教会我们将最清晰的脚印，踩在最泥泞的路上。我们也无悔选择在博雅这片沃土里生长。

画卷再展

以博雅为镜，塑其骨。步入高中后，脑海里挥之不去的是博雅那碧蓝如洗的苍穹、明澈优美的清泉、微凉如丝的晚风，再加上明朗的秋月，与记忆中的读书声，像是一幅用墨最深的油画，画出博雅那明媚的风流图卷。

不独是博雅的一草一木吧，也有着个人其他方面的原因，我知道更适合自己的是博雅学校，于是自己也决定凭借努力转回心心念念的博雅。可 2020 年伊始就是不平常的，但在博雅教育者务实求真的工作态度下，我们还能在家里安安心心地上着一节节有质量的网课。要说中国是一个很英雄的国家，那博雅也是一个很英雄的学校，是那个冬天离我们最近的逆行者呀！它对我们的价值观的树立也有着潜移默化的影响。这世上可能确实没有超级英雄，不过，有无数博雅人攒着的那分热在发光，相信萤火定汇星河。

博雅的力量在举手投足间都化作一股股暖流闯进我们心窝，由内而外，从上至下。爱和希望，比病毒蔓延得更快，博雅的每一种爱，都刻进我们的心脏。

画卷最末

以博雅为镜，绘其神。时光匆匆，红了樱桃，绿了芭蕉。我们也不得不迎来了高中生涯需结果的一年。倘若删除我过去在博雅的每一个瞬间，也便不会有今天的自己。我们得谨遵校训——实悟为格，实践为诚，欢乐、苦痛、失败、成功，我们都不问，少年的事业本就要昼夜不停。"图南未可料，变化有鲲鹏。"愿每一位博雅青年能够如鲲鹏展翅般扶摇而上，纵乱云飞渡仍不改从容，于时代华章里再书一笔少年意气飞扬，与博雅踏实地共同成长。

学生篇

为梦想舞蹈

高二（2）班　黎维星

"美人舞如莲花旋，世人有眼应未见。"——曲中之音，如许。

转身，听着耳边缠绵悱恻的乐声，我心中也满是惆怅。

望向窗外，一寸一寸，那是落日的余晖爬上矮墙；一点一点，那是天边的晚霞褪出深蓝夜色。

少顷，灰白的月色越过矮墙闯进练功房，把面前的镜子映得愈发明亮。

凝视，发现把杆被月色勾勒出了一道银边。久练不就的一支舞将我原有的自信敲得支离破碎。练习许久的动作在恍惚中踏错，一步错，步步错，终以惨淡收场。

低声自问：难道我真的没有舞蹈天赋吗？

"学习舞蹈重要的是一个'韧'字！"舞蹈老师的话回响于耳畔。

"人如舞蹈，舞蹈如人，要耐得住，才能立得起。"

久立镜旁，望着镜中略显狼狈的自己，身后是褪去灰白，熠熠生辉的明月，心里倏尔润朗起来，方才的惆怅顿时烟消云散，战意高昂。

"舞衫回袖胜春风，歌扇当窗似秋月"，细细感悟动作间的千变万化，如长空之月的清雅，如千里之云的飘逸，如河岸蒹葭的柔韧。托掌、蹁燕、探海……借着月光，我开始又一轮的练习。

"观其舞，知其德。"此刻的我，觉得自己是个战士，挺立的把杆是我的枪矛，洁白的舞鞋是我的甲盾。在嫣红的地毯铺就的战场上，所向披靡。阵阵酸麻从脚尖蔓延到全身，细密的汗珠从鼻尖、额头渗出。提、沉、冲、靠，每一转都倾注着所有的努力；含、腆、移、旁提，每一步都凝聚着我的心血。月光里，乐声中，那一刻，我的心随着裙摆荡出诗的韵律。

那些日子，我在练功房中亲吻第一缕朝阳，在舞蹈中送别最后一抹夕阳。一次次地跌倒，一遍遍地腾跃，终于，脚下的舞步渐渐有了章法。舞蹈是脚步的诗歌，我以一舞谱写梦想之诗。

在舞蹈中游弋，我渐渐懂得，一支舞的别样不在于其配乐的与众不同，不在于其动作的超群出众，只在于这支舞在无数个跌倒又爬起的夜里，自成一首婉转的诗。

我渐渐懂得，跳舞如人生，追逐梦想的过程比梦想本身更具价值。在这过程中，我收获了一分坚韧与执着，一分从容与豁达。

送考

就算步伐很小，也要步步向前

高二（2）班　李彦仪

　　我曾看到过这样一句话："我们都以为自己足够成熟了却还没有完全成长，都想要依靠自己却发现还差一点，都努力往前走却感到前路漫漫充满压力。"可即便前路迷茫，你的心底依然会有所追寻。我们跑不过时间，只能跑过昨天的自己。在成长的路上，就算步伐很小，也要步步向前。

　　小时候，爸爸妈妈工作很忙，几乎都是外公、外婆带我长大。他们是疯狂的旅行爱好者，因此只要一放寒暑假，他们便会带着我去各地旅行。70 岁的外公、外婆身体格外好，带着我旅行了小半个中国，

| 开笔礼 |

也让我从小就打开了眼界，欣赏到了祖国的大好河山。当然，我童年的时光不仅仅是在旅行中度过的，还有各种各样的兴趣班。画画、中国舞、主持、钢琴、电子琴、古筝……但除了钢琴课，一样也没能坚持下来，最终钢琴课也因为高中课程太紧而终止，这或许是一种遗憾。

上高中之前，我的性格并不是很开朗，甚至有点内向，后来我遇到了我的高中同学们，是他们带着我逐渐活跃起来。他们会在我受委屈时，写很多小纸条安慰我；会在我受伤时，扶着我去医务室擦药；在我紧张或迷茫时，给予我鼓励和支持……

我们有很多美好的回忆，一起给过生日的班主任准备惊喜，一起为了合唱表演、课间操比赛和课本剧每天排练，一起包场看电影，一起吃自助火锅……每一个片段我都印象深刻。

刚进入高中时，我一点儿也不适应。因为我从未住过校，习惯了有爸爸妈妈和外公外婆的庇护，自己很难照顾好自己。学习压力也一下子变大，再加上还没适应住校生活，我几乎每天都以泪洗面。直到高二我才渐渐习惯了这种规律的生活。虽然爸爸每次接送我，我都还是会哭着说想回家，半夜在寝室里还是会因为学习压力大而掉眼泪，但是我相信，我一定能学会照顾好自己，做到自觉独立，朝着自己的梦想而努力奋斗。

世间百味，苦辣酸咸。刘同曾说过："如果你认定苦是自己应得的，那么光必然会照耀到你身上。"学着慢一点，学着忍耐苦痛，学着一步一个脚印，朝着梦想前进。在成长的路上，就算步伐很小，也要步步向前。

匆匆流去

高二（2）班　杨舒曼

　　时光匆匆流去，有些相遇成为告别，有些经历成为回忆，有些情感值得珍藏。

——题记

节日·家人

　　"千门万户曈曈日，总把新桃换旧符。"小时候，过春节是为了红包；长大了，过春节是为了团聚。离开家上学后，总是会想起以前那美好纯真的时光。

　　在瓦房之下，三间屋子、一个小院子承载了我最美好的童年。

　　华灯初上，我们几姊妹会围在火炉边打牌，大人们会围在一起喝喝小酒、谈谈家常，看着春晚的一个个节目，欢声笑语一片和乐。

　　到了深夜，我们会吃着夜宵在院子里放着"小旋风""烟花棒""满地珍珠"等有趣的烟火。绚丽的烟火，是童年最美的年味。

　　现在，没有了从前的瓦房，没有了烟花，没有了大家围着火炉的温暖，孩子们拿着手机过着自己的小圈子，笑声逐渐变少，那一刻我真的好想回到过去……

成长·友谊

美好的事物总是易逝的，也总是永恒不变的。

我的大脑就像个中央存储器，那点点滴滴的喜与忧散发着淡淡清香。

天空晴朗，温暖着我们的时光；窗外小雨淅沥，诉说着我们的美好。小时候，和爸妈朋友的几个孩子玩得很好，每周大家都聚在一起，玩着过家家。女孩子给彼此编头发，男孩子做我们的"快递员"，他们即使看着电视也会被我们支配着去帮忙拿吃的，拿喝的。又或是大家一起唱歌，每个人也都从未嫌弃过别人，虽然会因为年龄问题有些事情理解不了，但确实很开心。我们会吵架，但是感情从未变过。

自从上了初中，我的生命里多了几个给予我力量的朋友。很有缘的是，其中有几个是小学同学，我们自然地形成了一个团结进步的小团体，到了后来和班里人逐渐熟络，我们的小团体也扩大了，形成"八仙过海"之势。我们会在跑步坚持不住的时候陪跑喊加油；会在成绩滑落的时候给予鼓励，在进步时给予欢呼；会在生活上遇到麻烦，心情不顺时给予开导……对于我们，别人总是投射出羡慕的目光，疯疯闹闹间伴着不解，伴着遗憾。

后来我们各奔东西，为了自己的梦想去到不同的高中，为了将来能和对方在更高水平线上一起生活而不断努力。最好的友谊也莫过于此，我们不在一起，各自奔波，却也互相牵挂。未来有多遥远我们并不知道，我们只是怀梦而追的青春人！

在自己的年纪里，我们欣赏着路过的风景，与路过的人有着一段段美妙的时光。无论喜悦快乐，无论焦虑迷茫，我们都必须去忍受。伴着苦楚我们扬帆起航，坚强和陪伴将是我们蝶变的厚茧，我们只为一次成长。

学
生
篇

成长的故事

高二（4）班　王诗宇

　　辛弃疾说："少年不识愁滋味，爱上层楼。爱上层楼，为赋新词强说愁。"而我想说："世间谁无烦恼，风来浪也白头。"时光磨平了青春的棱角，岁月腐蚀了年少的心墙，我们慢慢长大，也开始学会在忧愁烦恼中反思拼搏。

　　光阴似箭，日月如梭。转眼间，在博雅已经待了一年半了，但细细想来恍如昨日，仿佛还是刚进校时手捧《学庸论语》，一遍又一遍受到它的熏陶，可实际上却已是能够独当一面的准高三生了，望着高一新生灿烂的笑容，不由自主感叹时光的易逝。"读书不觉已春深，一寸光阴一寸金。"在这短暂的一年半里，我在博雅收获的不仅仅是书本上的知识，还有许许多多人生真谛。

| 校园一隅 |

博雅校训："实悟为格，实践为诚。"这是我来博雅收到的第一份礼物。这短短的八个字让我更加懂得了克雷洛夫先生所说的"现实是此岸，理想是彼岸，中间隔着湍急的河流，而行动则是架在河上的桥梁"。正所谓实践出真知，无论是课上的化学实验，还是课下制作肥皂，无一不让我受益匪浅。

书，犹如细雨过后的梧桐，洗去了浮华，透出了青绿。经典的存在大概就是为了洗去我们内心的浮躁。"非淡泊无以明志，非宁静无以致远。"从小我就喜欢看各种各样的书，上高中之前还担心没有时间去阅读。但在博雅，每日最少有一小时的经典阅读时间，这更满足了我阅读的需求。阅读，是我来到博雅收到的第二份礼物。

《后汉书》有云："有志者事竟成。"若是千万人共此一志，千万人拼尽全力，那么再大的困难和危机，都会迎刃而解。在平时的学习中，我们学会了取长补短；在运动会上，我们学会了"众人拾柴火焰高"般的团结；在励志活动中，我们学会了信任与担当。"积力之所举，则无不胜也；众智之所为，则无不成也。"团结，是我来到博雅收到的第三份礼物。

篮球比赛、乒乓球比赛、运动会等活动层出不穷，蜡染、尤克里里、粉笔雕等技艺课丰富多彩。在学校我不仅学到了课本知识，还获得了一些能力和素养，这让我更加自信。丰富的课程，是我来博雅收到的第四份礼物。

感谢博雅，让我在跌倒中成长，不再懦弱；感谢博雅，让我懂得世间真谛，不再彷徨；感谢博雅，让我明确目标，砥砺前行，不负韶华，正如史铁生先生所说"且视他人之疑目如盏盏鬼火，大胆地去走你的夜路"。

成长是一曲刚健的歌谣，走进田间地头，听拔节声声；走进森林树丛，听万籁合鸣。躁动与喧腾，追逐与奋争，这就是成长的旋律。

岁月不居，我还在前行

高三（6）班　鲁巧

林徽因说："旬月里来去，日子都是可以歌唱的旧事。"在博雅的六年时间里，闻桂香沉浮四溢，看梧桐往来枯荣，我的心从招摇向上的枝丫变成了潜心向下的根系，在博雅的文化净土中不断汲取营养，不断成长。对于我生活了六年的博雅，临在毕业之际我有很多话想说。

书

"严肃枯燥"的《学庸论语》是博雅赠予我的第一份礼物。简直难以想象，在初一踏入这所校园时的主要活动竟然是读背《论语》。每天早晨七点，面朝朝阳，朗声将那难懂的文言文反复吟诵，简直枯燥无味，痛苦至极！而当我习惯与清晨撞个满怀之后，那生涩的文言文就渐渐在心头化开来："学而不思则罔，思而不学则殆"是指学习和思考必须紧密结合；"士不可以不弘毅，任重而道远"是提醒我们要胸怀宽广，意志坚定……每一句简洁的话语都蕴含着伫立在历史长河那头的先贤的智慧。静下心来再读《论语》，眼前不是令人发昏的文字，而是一首首精美绝伦的长诗，一篇篇不朽的传奇。在读书中，我磨炼意志，塑造自己，不断成长。

茶

在博雅的特色课程中，茶文化课让我受益最深。第一次听到"茶文化"时，全然不懂几片细小茶叶之中究竟蕴藏着怎样的文化。随着热水从狭窄的壶口倾泻而出裹挟着茶叶翻涌，几条嫩绿的小舟在波涛汹涌之间终于安定下来，那清香的茶汤也便成了。许多年后再来回首，我觉得那静穆素雅的学书画苑和海涛茶苑体现的是每一个博雅人的文化传承与不懈的文化追求。静坐茶苑，啜饮甘露，本就是在快节奏高强度的学习生活中难得的奢侈。在茶中，我聆听文化的钟鸣，沉淀心境，不断成长。

育

雅斯贝尔斯说："教育的本质是一棵树摇动另一棵树，一朵云推动另一朵云，一个灵魂唤醒另一个灵魂。"在博雅，我亲历了老师们从早上六点钟在寝室楼下等待，到食堂里督促、关心我们的三餐，再到晚上目送我们回寝室……在博雅，每一天，每一刻，每一位老师都在陪伴着我们，给予我们爱与温暖。老师们是月光下守望的树，是在黑暗中守护我们的树。一轮辉月之下，一丛守望的树，这是一种不可名状的妩媚。在爱中，掬月在手，向光而行，我们走向远方。

书、茶与育，在博雅，让我不断成长。岁月不居，时节如流，我还在前行，博雅的故事还在继续。

我相信，在这片文化净土上还将会生出更健硕的枝芽……

博雅之光，给我力量

高三（8）班　皇甫江涛

你的一束光，照亮了我前进的方向。

三年前，我中考失利，机缘巧合进入博雅。一位学长热情地引导我，带我熟悉环境，帮我铺好床铺，我满怀期待地开始了我崭新的校园生活。

第一学期过去了，我认识了不少朋友，也对第二学期的生活充满了期待。

第二学期开始，我遇到了改变我人生轨迹的贵人——蔡老师。初见蔡老师，就觉得她十分亲切。果然不出我所料，蔡老师是一位良师，她用心操办每个同学的生日，让我们在校如在家；为减轻我们的学业压力，她总不会给我们布置太多的课后作业；篮球赛，她亲临现场为我们加油，即使比赛失利，她也告诉我们不要气馁。

蔡老师为我们这个大家庭付出了太多，大概这也就是许多同学亲切地称呼她为"蔡妈"的原因。

高三第一次考试，我仅考了391分，在全班倒数，蔡老师没有因我的这一次考试失利而责备我，我也很快从失败中抬起头，奋发图强。

蔡老师和博雅就像一束光，让我身处黑暗的时候不再彷徨。

经过努力，第一次模拟考试，我竟取得了全班第二的成绩，我十分激动，蔡老师亦然。

今年六月高考，我取得了 530 分的成绩，我很高兴，我的家人也很欣慰，我知道，这一切，都是蔡老师给的。

　　毕业后我问蔡老师为什么有时我在课堂上犯困小憩她也不责备我，她说："因为我看到了你清醒时上课专注的态度。"我大为感动，因材施教，这才是良师益友啊！

　　博雅三年，有汗水，有烦恼，也有收获。我能有今天的成绩，我想感谢博雅和蔡老师。短短的文字讲不完我和蔡老师、和博雅的故事，未来的路还很漫长，我将怀着一颗感恩的心去对待未来的生活，将博雅和蔡老师照在我身上的光，传递到这个世界上，给更多黑暗中需要前行的人一束温暖的亮光。

| 博雅茶文化教室 |

清华忆博雅

博雅毕业学子章忠宽

　　进入清华，是对我自己努力的回馈，这当然离不开母校的栽培，恩师的教导。来到美丽的清华园已经有十几天了，但我还是非常想念博雅。

　　每一天起床，我都尽力按照在博雅的要求，六点半左右起身去吃早饭，然后学习。要知道，多数同学在没有"早八"课的时候，都会选择睡懒觉，但在博雅的生活塑造了我律己的性格，至少在外人看来，我是比较努力的。

　　清华有十几个食堂，每个食堂的饭菜都花样繁多，口味也很不错，但就是有时候会找不到位子，而在博雅的时候就不会这样。人多的时候，清华的食堂阿姨来不及处理餐桌，你就只能替上一个坐那个位子的人善后了，这又令我想到了我在博雅每次都力求干净的餐桌了。

　　清华的课程安排和其他大学的应该差不多，就是午休的时间比较短，我有几次没睡午觉，结果晚课就困得不行。想起来，虽然我在博雅睡的时间也不长，但博雅的午睡比这里还是要惬意些的。

　　早就听说清华的宿舍很不错，我觉得发出这种议论的人应该是没有去过我们学校的北方人。北方嘛，是没有像我们博雅宿舍这样有独立卫浴的，洗澡嘛就是三个人的坦诚相对，另外洗澡的热水是要刷学生卡付钱的，而且热水不是二十四小时都有，对此我只能安慰自己说节约水资源吧。寝室是四人间，我住的紫荆公寓有一个中庭，这还可

│ 校园一隅 │

以，但是阳台真的不算大，阳台上也没有洗漱池，洗漱要去公共洗漱间。我还是觉得博雅宿舍好呀。

清华园是真大，上课、下课要骑车去，有人觉得骑车赏清华还挺不错的，其实你在赶时间时也顾不得欣赏什么风景。去"六教"（第六教学楼）的路上比较堵，还得小心出"车祸"。这时，我老是想起吃完午饭或是下午上课前，走在博雅大道上，看亭台，看盆景，背古诗，吹微风的那个我，那种感觉真的令人心旷神怡。

我来清华学习知识，作为中国顶尖的大学，这里的学术氛围、文化氛围，都无可挑剔，然而每每触及生活的细节，我总感觉，博雅依然在我身边。

忆我的博雅

博雅毕业学子杨祥淞

12月初收到"老李"的微信，想邀请我参加一个类似于回忆高中生活的校友活动。"我觉得你的故事很多。""老李"说。看到这条消息时内心五味杂陈，既想笑也想哭，高兴曾经有那么一群人朝夕相处，打打闹闹，难受的是那些美好都成了曾经。感谢"老李"给我这个回忆美好的机会！

关于在博雅的青葱年月，脑海中能回忆起的人和事实在太多，他们有的在我脑海里比我昨天认识的人、遇见的事甚至还要清晰。

离校两年半有余，至今仍能回忆起其间很小的细节。我天生就是一个忘性极大的人，可偏偏就是没忘记在博雅的朝朝暮暮。或许因为在博雅的三年确实是人生不可多得的时光，里面有那个年纪稚嫩的甜，当然也少不了顽劣的苦。不很确定那三年里的自己提起"博雅"二字是否也能像今天这般欢喜，可能正应了那句"身在福中不知福"吧。那三年的时光难以用几个词、几句话道尽，言语所表，心中之想不过是冰山一角，奈何都成了过去。

我是一个插班生，开始就读于贵阳某所高中，那是一个好学校，但可能它并不适合我，或者说不适合那时的我，第一次去看学校时我就极为失望，我很讨厌那一片蓝的教室，一片蓝的寝室。开学后，我又很讨厌把学习的时间卡到分秒的学习生活。很清楚记得中考结束之后，我对自己的成绩极为不满，因为英语考得不是很理想，直接导致我上不了贵阳一中。因为这，不知与爹妈吵了多少架，不，不能叫吵架，因为吵架是双方行为，而我那只能叫单方面向家里发泄不满情绪。对一个从来没考虑过的学校更是难以谈及兴趣了，这种状态持续了很久，一直到转学至博雅学校之后都存在，用不可理喻来形容那时的我一点儿也不为过。

当然，我大部分的不满都是自找的，比起学习，家里一直都更在乎我快乐与否、健康与否，归根结底还是自己跟自己过不去，无奈又正好撞上了正值叛逆最盛的年纪，身边的人自然也难逃我的"折磨"，转到博雅学校后班上的老师也难成例外。明目张胆的"挑刺儿""找碴儿""发脾气"，成为我不学无术的高一主旋律。

但不得不说我是幸运的，这个时候我遇到了人生中的几位好老师。李宏宇老师在生活、学习上给予了我很多关心照顾，最重要的是让我有了倾诉的对象；李书福老师让我感受到了学业上的探求精神；张林忠老师使我对此前从不关心的政治、历史燃起了浓烈的兴趣；金梅老师系统全面的教学方式以及温柔善良的慈母形象让我至今难以忘怀；还有黄兴东老师的红、绿衬衣……是他们让我浮躁的心逐渐平复了下来，逐渐学会了与自己和解。

如果真的要让我在这三年里选出一个最令我难忘的故事，那就是刚转到博雅的时候，高一下学期还是高二上学期，具体时间记不太清了，一个周六的上午，因为我想去找一个即将出国留学的好朋友吃饭，事先好像请母亲编了一个理由去"老李"那里请假，谁知道母亲来学校之后去了"老李"的寝室，两人讲着讲着，似乎母亲如实给"老李"说了原因。然后"老李"出于关心我的学习进度，劝我把下午的课上完再走，可是这一劝却让我好似吃了炸药一般暴跳如雷。对朋友的失信、母亲的"背叛"、前面所提到的心中尚未平复的遗憾等一众不满心绪全部涌上心，现于行，我疯狂地骂了几句后夺门而出，径直走向校门，一直到后来母亲开着车含泪叫我上车，我的心情才得以慢慢平复。因为这件事我被学校停课了好几个星期，当时叛逆的我觉得自己并没什么不对的，也压根不想回学校上课，一直到考前一两个星期我才回学校参加了期末考试。对于这件事，我真正清醒过来还是在离开博雅之后。后来踏入大学我才意识到，那时老师们完全可以放弃我，完全可以以另一种姿态与我相处，人与人大抵莫不如此。老师们能接纳我这"泼猴"，能继续耐心地将我引入正途，已经是对我最大的宽容和呵护了。除了父母，很难再遇见这么一群不遗余力照亮别人前程的人了，当然这里的前程不只是高考试卷上的那点分数。

越往前走，走过的路就会越淡出我的视野，中考、高考也是如此，等再回头时我甚至记不清我当初的考试分数……但在博雅学校里收获的记忆、思维、技能和其他的一切，却将伴我一路前行。

高考过后，关于人生的选择才变得多了起来，无论选择什么样的生活都有其捍卫的真理，在真理中去找寻梦想，在梦想中找到自己就好。

"凡是过往，皆为序章。"这句话用在这篇毫无逻辑、心想手记的浅忆录最后再合适不过，我的博雅时光虽已是过往，同时也是我下一个人生阶段的开篇。

感谢博雅，感谢所有帮助过我的老师和同学，是你们让我的开篇更加绚丽多彩。

家长篇 02

人生第一道菜

三年级（1）班　杨哲泽妈妈

2021 年 10 月 15 日，星期五，一个再稀松平常不过的日子，我从学校接到儿子，我们彼此相拥，这是我们之间"重逢"后的致意。他抬起小脸，含笑对我说："妈妈，今天我要给你们做菜。" 我点点头，默许了他一时的心血来潮。

孩子的世界就是这样，时不时地冒出一些新奇的想法，但兴致过了，也就忘了。

等我下班，写作业，等公交……我们到家已经快晚上 8 点了。一路上他也再没提起做菜的事情，估计已经被秋风吹到九霄云外了。但令我没想到的是，一进门，他换好鞋后就直奔冰箱，翻看食材，说一定要给我们炒菜，并且开始筹划利用冰箱里现有的蔬菜，看自己可以尝试着做什么。

"西红柿炒鸡蛋，还是白菜豆腐汤？"

他自言自语，嘴里念叨着。看着 9 岁的他一脸的认真，满心的热切，我内心一股暖流漫过，我不知道在学校，老师怎样的引导，在他的心湖里荡起了那么大的涟漪。但那刻，我仿佛看到了一棵向上的幼芽努力挣脱了土壤的包裹。我知道作为母亲我必须放下所有的担忧、所有的不信任，放手让他去做，给予他最大的鼓励与支持。所以最后在我的建议下，他决定从最简单的——炒白菜开始。

"妈妈，你站在旁边指导我就好了，但不要帮我，我要自己完成。"这是他与我的约定，更是对自己的期待。他将白菜叶一片片地洗好后，放在菜板上，提起有点儿锋利的菜刀，"哟"了一声，说好怕切到手

学校

是比家大一点的地方

指。我提议省略这步，由我代劳，他坚决拒绝，鼓起勇气小心翼翼地切好白菜。热锅下油，他发现自己身高不够，无法施展翻炒的动作，赶紧找来一张小凳子增高。站在凳子上，滚油下菜，赶紧翻炒，不时有油珠跳起，落在灶台上，溅在手上。我提醒他别烫着。他感叹："原来炒菜这么不容易。"

撒盐出锅，一盘热腾腾的炒白菜就端上了餐桌。儿子笑开了花。这是他人生中第一次做菜。品味着儿子的劳动成果，我想这更是他成长的突破。

孩子与父母相处的时光是一场渐行渐远的旅程，我们终要与之挥手告别，目送其远行。让孩子学会打理好自己的生活，学会照顾好自己，便成了我们对他们成长的首要期待。

感谢博雅学校的教学理念，感恩博雅的老师，将劳动这颗珍贵的种子埋进了他幼小的心灵。愿他在博雅乐园里快乐长大！

我的教育观

——读《这样爱你刚刚好，我的一年级孩子》的启示

一年级（3）班　彭靖予爸爸

因为工作的原因，这本书在家里放了这么久，我却从来没有打开过。今天接到孩子班主任老师的通知，明天上午就要上交这本书的读后感，我的心里是紧张和惊慌的。

《这样爱你刚刚好，我的一年级孩子》这本书教给我们家长在生活中和孩子相处，陪伴孩子学习和帮助孩子成长的一些正确方法。这本书中的"刚刚好"很好，也很重要，感谢学校和老师对孩子们的关注与栽培。

其实作为一个学习中的家长和一个农民，我真不知道说些什么。如果非要说些什么，我认为，怎样让家长朋友们知道"这样爱你，刚刚好"更重要。

采用什么样的教育方式，怎样教育孩子，在以前和现在都是教育界的专家学者们一直讨论的问题。因为这个问题属于调适性问题，教育方式的好与坏以及教育效果如何，跟生活、人及思想等众多因素有关。

完全按照这本书的方法百分之百地完成，我认为可能只会教出乖孩子和能够学习的孩子，不能完全培养出优秀的孩子。因为书中所设定的内容和场景不等于孩子生活的全部。如果再加上以下几点，我觉得更完美一些。

1. 学会培养孩子的自尊心。一个孩子，他只有在生活和学习中得到足够的认可和充分的尊重，才能建立自信。我们要学会尊重自己的孩子，不要动不动就吼孩子和伤害孩子的自尊（比如去比较），这样他才会觉得幸福，才能够做到敢想、敢做、敢闯，也才能够在生活中得到别人的认可，从而更好地做自己，而不是在思想和追求上都做一个盲目的追随者。

2. 家长学会控制自己的情绪对孩子的成长和学习尤为重要，因为家长和孩子对事物的理解、对生活的认知都不在一个层面。

当你要对孩子发脾气的时候，请先让自己冷静一下；当你还觉得孩子不对，要批评他的时候，你先问问孩子为什么要这样做；当孩子在和你沟通的时候，请不要因为你的忙碌而无视孩子一直望着你的那双眼睛；当孩子哭闹的时候，请先不要张口，让孩子先冷静一下，再仔细地询问他……

3. 学会让孩子相信自己，只有当他充分地相信自己，才能发挥充分的认知和理解。我们不要说孩子了，对我们成年人而言，如果一个连自己都不相信，自己都不能肯定自己的人，他能成功吗？我想是不会的。

遇到一些重要的事情及做重要的决定之前，我都会问："靖予，你相信自己吗？"孩子都会告诉我："我相信自己！"只要孩子的选择和做事的方式是正确的，我愿意让他去百分之百地拿主意，因为他相信自己，我也愿意去相信我的孩子。有一天靖予问我："爸爸您相信自己吗？"我告诉他："我的孩子，我像你一样坚强，我永远相信自己，我要做最好的自己。即便结果没有那么好，我也愿意，因为我知道我只有做了才会有结果，这次没做好，下次我才会知道怎样才能做到更好。"

4. 学会为孩子勾画未来的世界，做一座灯塔而不是做一个背影。

每个孩子家长所处的环境、所做的工作和收入等都会不一样，无论你的物质生活是否丰富，无论你是否富有，我们都有平等的权利，去为孩子创造属于他的精神世界。

5. 学会让孩子变得专注和坚强，鼓励孩子认真地做完每一件事，对孩子内心世界给予肯定和鼓励。如果这一刻，您是个坚强的人，请把这份坚强通过生活中的言语、态度和动作传递给自己的孩子；如果这一刻，您不是那么的坚强，请学会去尊重、理解和包容您的孩子，这样才会让这棵小树苗成长得直而挺。

这篇读后感，还有很多家长需要发言和讨论的，因时间的问题，我还有很多观点和想法都来不及说出……我相信每位家长和我一样，有自己说不完的看法。希望通过这次交流会，让我们对教育孩子有更新的认知和更深的理解。

如果阳光是孩子们的理想和我们的期盼，那么请让他们自己插上一双坚硬无比的翅膀，向阳光更加明媚的地方飞去！如果他们的翅膀被雨水淋湿了，请把他们身上的雨水擦拭干净；如果他们已经飞得筋疲力尽了，请为他们送去一杯珍贵的水。

| 校本课程选课 |

成长故事之亲情告白

一年级（5）班　付忠欣妈妈

成长，是一个意义深重的词语。

成长，是一个漫长奇妙的过程。

就像太阳，当她把最后一抹光辉埋入沉寂的夜晚时，就注定要用尽全身力气，爬上那高高的云端，直到用她那耀眼的光芒将夜的黑暗驱除殆尽。当我们在成长的岁月中攀爬时，酸、甜、苦、辣犹如日升日落一样自然轮回，不能事事如人意。

时光如梭，光阴似箭。亲爱的孩子，转眼间你已经成为一名小学生了。你在学习中是很努力、很用心的，做事不仅要做好，更要精益求精，你常说"把字写好、写漂亮是需要时间的"，作业但凡有点儿瑕疵也会擦干净重新写。我很高兴，很为你骄傲，也非常感谢博雅实验学校老师们的严格要求和精心教导。

独立自信的你是妈妈的小助手。对于学习，虽然自觉性不是很强，但只要是老师和家长布置的作业，你都会在当天完成。生活中你学会了自己的事情自己做，生活自理、独立思考，还能帮助长辈做些力所能及的事情，俨然成了妈妈的小帮手。你帮助妈妈照顾妹妹、兑牛奶、喂饭、玩游戏等都做得很棒；也很乐意学习生活技巧和制作美食，学习了包饺子、包汤圆，包的饺子比表姐们包的都要好；还学习了菜肴的搭配，把菜洗干净、切好，等妈妈下班回家后再炒菜。这一幕幕都让我这么的欣慰和感动，这些都是值得表扬和鼓励的。

可爱懂事的你是妈妈的小棉袄。虽然也常听到你的不解和疑惑：为什么妹妹们不用写字和做作业就可以一起玩？为什么自己一定要完成作业才能玩，才能吃东西、看动画？等等，一系列的问题。你偶尔也会说我偏心，只喜欢妹妹。有时候你的问题把爸爸妈妈问得都不知道怎样回答才合适。我希望有家人的陪伴，你能正确认识学习的重要性，认识到妹妹们存在的意义，自己找到这些问题的答案。大多数时间你乖巧懂事，是妈妈的贴心小棉袄，让妈妈对生活充满了希望和感恩。

乐于分享的你是妈妈的开心果。单丝不成线，独木不成林。我知道你内心的真实想法还是觉得有妹妹们的陪伴是幸福快乐的。你的嘀咕只是偶尔有小情绪的表现，只是越长大，你越有自己的想法和原则。请原谅妈妈的私心，小妹纯属意外，因为她也是一个小生命，所以妈妈没有放弃她。但你们俩的感情是最好的，年龄的差距让你主动地保护和关心她。你开始懂得了独乐乐不如众乐乐，感受到三姐妹一起玩的乐趣，享受很多独生子女体会不到的手足之情。这样的你成为妈妈的开心果，让妈妈在繁重的育儿过程中收获喜悦和笑声。

最后，感恩我的孩子们，你们带来的一切，喜怒哀乐，都是弥足珍贵的美好。亲爱的宝贝，在未来的日子里，希望你学会分享和感恩，对生活充满热情，对学习充满信心，对未来充满希望，阔步前行，家人永远是你最坚强的后盾。

好好学习，天天向上。妈妈与你共勉。

家
长
篇

家有小女初长成

一年级（5）班　金沐霖妈妈

光阴似箭，一转眼，那个咿咿呀呀的小宝宝已经 7 岁了，成了博雅实验学校一年级的学生。

在这儿不禁让我回想起自己刚刚当妈妈的时候。生孩子是一个痛苦的过程，但是在孩子出生的那一刻，心里充满了幸福和喜悦。孩子出生后，我时时刻刻地陪伴左右。在孩子三岁前，带孩子是特别辛苦但快乐的，孩子什么时候长牙，什么时候会走路，什么时候会叫爸爸、妈妈……陪伴着孩子每一步的成长，每个时刻都记忆犹新。

随着孩子一天天长大，关爱的方式要转变。从无微不至的关爱要逐步放手到刚刚好的爱。孩子逐渐成长，有了自己的思想，在探索世界的时候偶尔会做错事。自己却动不动就吼她，完全没有顾及她的情绪和感受。凡事要求过于完美，却忘了她只是个孩子。通过参加博雅的家长读书沙龙，我认识到对于孩子应该从正确的方向去引导，约定规则，规范行为。家长一定要控制好情绪，调整状态，端正态度，以身作则，给孩子做好示范。想要好孩子，先做好家长。

言传身教出效果。自从孩子上一年级后，感觉孩子长大了不少，我们作为家长，一直鼓励孩子独立自强，学习管理时间和处理日常事务。随着规律入学回家，孩子逐步建立起正确观念，会想着早点儿去学校，把该做的作业尽快完成。通过家长言传身教，孩子在家会主动给爸爸、妈妈倒水，收拾碗筷，打扫卫生，自己铺床，自己洗澡，自己收拾书包，时不时给我们带来惊喜，这一件件小事都感动着我们。当然这些也离不开博雅学校老师们的辛勤付出，感恩老师们的尽心尽力。

审视调整共进步。在认识到一个家庭的和谐对孩子的影响后，我重新审视自己，反思不足之处。在往后的生活中，我会多听听孩子内心的想法，遇事和孩子商量，学着多鼓励和多赞美孩子，帮助孩子辨别是非。孩子有不对的地方，积极引导她认识错误，改正错误。孩子害羞不敢表达，积极引导她组织语言，大胆展示。孩子畏惧学习新知识，陪伴她学习建立信心。孩子的成长，事关整个家庭，只有一家人齐心协力不断改进不足，才能共同进步。

我希望我的孩子能够健康快乐成长，希望家校共育帮助她形成积极向上、乐观开朗的性格和独立思考、心怀感恩的灵魂，以及拥有自己终身热爱的兴趣特长。最终，希望孩子能够在自己的人生中成为自己，活出自己，坚持自己。

| 博雅学子和校长分享校园杨梅 |

关爱、尊重、欣赏，和孩子一起成长

一年级（5）班　苏泓睿妈妈

特别感谢博雅实验学校给我机会总结育儿心得，分享孩子成长故事。我一向觉得，孩子的成长不是孩子一个人的事，是一家人的事。家长应当为孩子创造简单温暖的环境，让孩子享受无忧无虑的童年。宽松的家庭氛围，放手给予孩子独立的空间，充分尊重孩子的个性，让孩子在玩乐中学习进步，让孩子在其最喜欢的方式中接受教育、获得成长。

宽松氛围让孩子快乐成长。孩子就是一面镜子，父母是她的参照物，家长的一言一行对她产生的影响，在孩子的学校生活中就会反映出来。在家里，我们会有意识地给孩子创造一个宽松、自主的氛围，平常也把她当作朋友一样来沟通，不拘泥于某种特定的形式来教育她，而是通过平常生活的点滴来引导她。唯有如此，才能让孩子成长的空间更大、更自由。

独立空间让孩子自我管理。在家里，我们给孩子准备了独立的空间，让她学会自我管理。比如我们房间的一个角落是专门给她放置玩具的，规定好那里的所有物品都需要她自己整理。这个经验特别值得和大家分享，因为这样不仅让她体会到了父母平时整理家务的辛苦，还让她养成物品从哪里取来就要放回哪里去的习惯。在家中教过她自己叠被子、折衣服，经过学校生活老师的指导，她现在能独立完成这件事情。

充分尊重让孩子自尊自信。平常在处理问题时，我们都会征求孩子的想法，比如买衣服会问她喜欢什么颜色、什么款式，尊重孩子的个性选择，以此养成孩子在处理问题的时候照顾到别人的感受，多替他人着想的习惯。平常我们也会尽可能抽出多的时间去与她沟通，听她说心事，允许她发表不一样的意见，有意创造让她充分吐露心声的气氛。对于正确的观点，我们会鼓励；对于不妥当的想法，我们摆事实讲道理，她仍然不明白的，我们再适时地加以引导。苏泓睿今年六岁，很喜欢跳舞和画画，说话做事已经是一个"小大人"了，对待什么事都有自己的想法。

总之，在我的经验看来，家长们应当放下架子，多点朋友式的沟通，把孩子当作家庭的一分子，让孩子感觉到自我的重要和职责，给她一分平等，一分信任，让她有充分展示自我的机会。孩子生活中的点点滴滴都是成长的见证。初为父母，我们和孩子在共同成长，她是一天一天在长大，我们是一天一天在学着做家长。她的每一天成长都会给我们带来新的挑战，我始终相信鼓励和信任是走近孩子心声的重要桥梁。

每个孩子都有独特的个性，关爱孩子、尊重孩子、欣赏孩子，让他们享受到来自家庭的温暖和力量，更加独立更加自信地面对学习，面对生活，面对未来！

家　长　篇

阅读成就孩子和父母

一年级（6）班　李运凡妈妈

孩子从幼儿园进入小学，从幼儿变成小学生。我们家长也从最初的陪伴者，转换成学校的合作者。从幼儿园到现在的一年级，孩子一天天地在长大，总会给我们带来许多的小惊喜。我喜欢每次接到孩子以后，听他给我分享在学校的点点滴滴：交到了新的小伙伴，学到新的本领，对老师充满了崇拜，对学校充满了喜爱。

孩子进入博雅学校后，作为博雅家长，学校精心挑选了《这样爱你刚刚好，我的一年级孩子》这本书作为礼物。被书本的目录所吸引，我迫不及待地阅读，每一个案例都让我感受到是真实会发生或正在发生着的。是的，教育好一个孩子，是一项艰巨而又伟大的任务。一年级的孩子天真可爱，自由随性，对身边的所有事物都充满了好奇，总有太多的为什么。作为父母的我们总是有些矛盾，对于怎样是"刚刚好"的爱，很难把握。我一边阅读一边反思自己和孩子的相处过程，书中出现的很多观点我非常认可。

最让我记忆深刻的是"忘掉'别人家的孩子'吧！"大人那些看似无心的话语，却在孩子心中留下深深的烙印。仔细回想，曾经的我们也是孩子。只要孩子今天比昨天有进步，我们就应该祝贺他。我们要学会欣赏孩子，每一个孩子都是独一无二的，我们唯有接受孩子的不完美，才能发现他们身上的闪光点。

"100分是必须的吗？"儿子半期考试回来，语文只考了75分。

看到成绩单的时候，我承认我有那么一瞬间的失落。是书上的指引，让我平静地接受着孩子的一步步成长。我陪着孩子认真地修订答错的题目。是的，答错题目不用害怕，每一次的改正不都是一次进步吗？我们尽可能地去鼓励孩子、激励孩子，对于孩子的成绩，不打击、不鄙视。对于一年级的孩子来说，成绩不代表什么，作为父母的我们不要轻易地为孩子贴上标签，下结论。孩子就像是小花小草，而我们家长就好比园丁，我们所要做的就是浇水、施肥，而不是改变小花小草的生长规律，拔苗助长。世界万物，本来就各有不同，所以我们不能要求所有的孩子都有一样的花期。静待花开，让我们一起等待孩子慢慢成长。

在教育中，家庭是成长之源，家庭教育不只是教育孩子，更是父母的自我教育。在这个需要持证上岗的社会，唯有一种"职业"从业人员最多，却一直处于"无证上岗"的状态，那便是"父母"。

这本书像是一颗明亮的星星指引着我，让我找到了陪伴一年级孩子的方向，那就是和孩子一起阅读。和孩子一起认真地阅读好书，不是为了让孩子会背几首唐诗在人前炫耀，也不是为了写好作文、考好成绩，而是在阅读经典中，与人类文明中最美好的心灵对话！阅读对人的精神成长起着关键的作用，它不能改变人生的长度，但它可以改变人生的气象。

校园一隅

陪伴比爱更重要

一年级（6）班　李运凡妈妈

世界上的妈妈那么多，每一个妈妈都不一样，我们是孩子的妈妈，也是妈妈的孩子。世界上的妈妈那么少，少到只有两张面孔。一种面孔是：孩子，你要为我变得更好。一种面孔是：孩子，我要为你变得更好。

25 岁初为人母，好像一切都是美好而又自然的开始，做好迎接你到来的一切准备，看了许多的育儿知识书籍，也相信自己在幼教行业10多年的育儿经验，可以把你照顾得非常好。随着一声响亮的哭啼，你呱呱坠地了，你用哭声迎接着这美好的世界，你小小的个子、小小的眼睛、小小的鼻子、小小的嘴，我小小的世界多了一个小小的你，你的到来让我和爸爸都在惊喜中变得束手无策，就连抱着你，我都小心翼翼又无比紧张。

你的成长，一切都很简单而又随和，11 个月给你断奶，1 岁半给你隔尿不湿。我在你的耳边给你说着，你懵懵懂懂地看着我，我相信你知道了妈妈要对你说的话，果然一切都顺利，你没有哭闹也没有不适应。我坚信，我爱你和你爱我一样多。

2 岁，你开始了四年的幼儿园生活。每天我们 6：30 准时起床，我在幼儿园工作，你在幼儿园上学，我下班你放学，每天 20：30 准时入睡。日复一日，我们共同在幼儿园过了四年，你有时候很淘气，有时候却很懂事，我们一直都在一起。

时间一晃，你走进了小学。这个阶段，我也爱上了纪伯伦的那首散文诗——《孩子》。

你的儿女，其实不是你的儿女。

他们是生命对于自身渴望而诞生的孩子。

他们借助你来到这世界，却非因你而来，

他们在你身旁，却并不属于你。

你可以给予他们的是你的爱，却不是你的想法，

因为他们有自己的思想。

你可以庇护的是他们的身体，却不是他们的灵魂，

因为他们的灵魂属于明天，属于你做梦也无法到达的明天。

你可以拼尽全力，变得像他们一样，

却不要让他们变得和你一样，

因为生命不会后退，也不在过去停留。

你是弓，儿女是从你那里射出的箭。

弓箭手望着未来之路上的箭靶，

他用尽力气将你拉开，使他的箭射得又快又远。

怀着快乐的心情，在弓箭手的手中弯曲吧，

因为他爱一路飞翔的箭，也爱无比稳定的弓。

孩子每一次的成长，其实就是和父母的一场渐行渐远的别离。然而在这个远行的过程中我陪着你慢慢长大。有时候希望时间过得快一些，你赶紧长大，有时候又希望时间再慢一些，不错过你每一次成长的过程。从你出生到现在，我一直坚信，一个好的作息习惯一定能成为你好习惯养成的基础。因此尽管是周末和节假日，你都是9：00入睡，6：30起床。我常常在想，我到底希望你未来成为一个什么样的人，到底在你成长的路上我需要给到你什么样的支持，什么时候给你最合适……是的！我希望你能做你自己，能做一个对自己负责的人。

家
长
篇

我的陪伴、我的支持，是在你遇见最好的自己的路上的坚强后盾。

我花了几天的时间反复认真地读了《孩子的成长，是我们"家"的事》，受益匪浅。我深知陪伴孩子是一个漫长的过程。"陪伴"诠释了这一本书，也正是父母爱孩子的最高境界，如果没有那么用心的陪伴，哪有那么深的感悟，又如何把孩子从小到大的点点滴滴记录得如此清晰、透彻，孩子的成长一定是"家"的事。

今年是你上小学的第一年，一开始你总是有许多的不适应。你慢慢地长大，也在慢慢地适应着学校的生活。比起考试分数，我更加在意你交了多少好朋友，在学校发生了哪些有趣的事情，你和你宿舍的小伙伴分享了什么好听的故事，老师和你们做了什么有趣的活动……每次你的分享我都认真地听着，我不想错过你每一个有趣的分享。你分享着因为认真上课老师给了你一颗好吃的糖果，那时你露出的喜悦我总是立刻记录下来。偶尔你会告诉我，你和小伙伴发生了矛盾，不过你们最后也和好了。学期考试语文考了 84 分，你回来告诉我："妈妈我觉得我真的好厉害，半期考试我才 75 分，这次我考了 84 分，下次我应该要考 90 分了吧！"我想这就是我想要的，分数一定不是评判你未来的绝对标准，但是健康的身心肯定会成为你未来的基石。

教育家苏霍姆林斯基说过："每个瞬间，你看到孩子，也就看到了自己；你教育孩子，也就是教育自己，并检验自己的人格。"教育孩子，其实也是父母的一场自我修行。世上没有一个万能的公式能解决所有的育儿难题，我们不能只看到招式，而看不到背后的内功心法。家庭教育，应该出于对生命的尊重与珍视，用爱去培养生命。

爱孩子一定是"家"的事，家庭所有的行为都要为孩子的成长让路，人生最大的成功是教育孩子的成功，孩子的成长正是我们应该追求的最大成功。

亲爱的孩子，你的成长路上一定有，我们"家"的陪伴。

读《这样爱你刚刚好，我的一年级孩子》有感

王艺潼妈妈

各位老师、各位家长：

大家晚上好！

我是王艺潼同学的妈妈，我叫郑茹丹。不知不觉，我的潼潼已经是一名小学生了。时间一天天在流逝，孩子一天天在长大，总是会不停地给我带来很多小惊喜。每周三、周五从学校接潼潼回家的时候，也是我最开心的时刻，看着她高兴的样子，听着她讲述在课堂上学到的新知识、对自己老师的崇拜，看她手舞足蹈地念叨着在学校和同学们发生的故事，感觉幸福感爆棚。

作为家长我们往往不知道怎样教育孩子才好。我深知一年级是培养孩子良好习惯的重要阶段，一个好的习惯孩子将受益终身，所以丝毫不敢懈怠。但是，对于如何培养孩子好的学习和生活习惯，树立正确的人生观、世界观、价值观，如何配合老师做好教育教学工作，我常常感到束手无策。

感谢潼潼的老师邀请我参加读书会，刚拿到《这样爱你刚刚好，我的一年级孩子》这本"新父母教材"，第一眼看到的却是封底上"有一种职业，从业人员最多，却一直处于无证上岗的状态，那便是父母，而且目前没有任何岗前培训"这句话。正如这句话所说的那样，面对天真可爱的孩子，我常常感到茫然与无助。但当我静下心来阅读之后，就发现曾经我感到焦灼与迷茫的很多问题通通呈现在我面前了。认真

地看下去，我发现在不同的年龄段，教育孩子的方式不同，孩子所需要的技能也有所不同。一年级是孩子小学阶段非常重要的一年，这一年我们家长要尤其重视，结合对教材的学习和潼潼平时的表现，总结以下几点体会。

一、多提醒，养习惯。

像潼潼这个阶段的孩子，理解、反应能力还不是那么强，但相对于在幼儿园时又好很多，有很多的事情都可以自己去做，但要让孩子做好、做完美是不可能的，所以我们要去多提醒。多提醒孩子做事，比如遵守课堂纪律，比如起床后该做的八件事：一穿衣服，二上厕所，三刷牙漱口，四洗手、脸，五喝水，六梳头，七换鞋子，八背书包出门，以及睡觉前要做四件事：一收拾书包，二刷牙漱口，三上厕所，四睡前读书。除了养成日常生活习惯，更重要的还有养成学习习惯，遵守日常行为规范。特别是书中写到的孩子放学回家后学习的八大步骤：放好书包换鞋衣，讲究卫生把手洗。一定喝水吃东西，赶紧坐定先复习，再做作业心有底，检查对错需仔细，明天学啥先预习，收拾准备好欢喜。要经常提前提醒孩子关于学习你需要做什么，要怎样做，要一再提醒，不然孩子会忘记。一年级孩子的成长是比较慢的，所以我们要多一些耐心，静等花开，给孩子成长的时间。

二、多倾听，做朋友。

孩子上一年级，开始接触各种各样的人，孩子会有很多的疑问与好奇心，这个时候我们要学会多倾听，听孩子讲述在学校里发生的事情。如果孩子不说，我们也可以用尝试追问引导的方式，让孩子能够去更多地表达。只有我们及时了解孩子的想法，才能更好地帮助和引导孩子，防止代沟的产生或者让这条代沟缩到最小，也才能够向孩子传播正能量，树立正确的人生观、世界观、价值观，不然孩子很容易形成错误的意识。

三、强责任，重陪伴。

很多一年级的孩子都还是懵懂的，我们要对孩子进行责任的培养，要让孩子知道哪些是他必须要做的事情，比如简单的家务、学习作业等，让孩子明白，这些是他的责任，是他分内的事情，让孩子没有回旋的余地，这样在后期的做作业、做家务过程中，才不会造成孩子的反感，他不会认为学习是家长的事。在培养孩子责任心的同时，高效陪伴孩子学习尤为重要，陪伴潼潼学习是让我这位"老母亲"十分抓狂的事，当我呕心沥血、声嘶力竭后，却发现收效甚微！陪娃写作业成了无数家长"多么痛的领悟"，特别是潼潼，不管是做事、吃饭、写作业都存在磨蹭这个问题，让我无数次告诉自己"这是亲生的，要淡定"。一年级的孩子意志力薄弱，自制力差，因此，孩子在学习过程中，需要家长的帮助与监督。父母不能完全放手让孩子自我管理，而需要在陪伴中帮助孩子养成自律的习惯。我的办法是让她自己完成一门功课，我再检查，如果满足要求，就一遍过关；如果做错了题目，就要一起找错并重新写。让她慢慢明白盲目写完，没有质量是徒劳的，是做无用功。但不用每写一个字、一道题，都盯着，我们需要有效率的陪伴，才能争取更大进步。

| 博雅教师插花课程 |

四、言传身教皆重要。

不管哪个阶段，言传身教都是教育的王道，要求自己就是在教育孩子，孩子就是你的影子。一年级的潼潼，各方面相对于幼儿园来说，都比较成熟，但相对于高年级的孩子来说，又是幼稚的，这个时候身边的一切，对于孩子来说影响都非常大。如果我们和孩子制订了一项计划，就一定要坚持到底。我会带着潼潼一起制订《作息时间表》和《学习计划表》，并带着她去执行，希望这样能让潼潼养成一个好习惯。所以我觉得我们父母要做的就是书中极力倡导的"言传身教就是最好的教育"，父母的言谈举止对孩子有深远的影响。作为和孩子朝夕相处的妈妈，我深知单纯的说教不如做他们的榜样重要，孩子就是我的一面镜子，一直提醒我要时刻注意自己的言行，以身示范，让孩子耳濡目染，只有妈妈、爸爸越来越好，他们才会变得更好。

一年级的孩子，虽然很小，但也有了一些自己的思考与想法，只不过他们的思考与想法更多的建立在他们所看到的一些事情的表面，总体还不成熟，所以这个时期我们一定要格外注意，帮助孩子养成好习惯。

我的分享完毕，以上为个人观点，不妥之处请各位老师和家长指正，也借此机会感谢学校、老师们给我们家长这样一次难得的沟通与交流的机会，祝大家生活愉快，祝孩子们学习进步、身体健康！

育儿，是父母的一场修行

余诗颖家长

六岁的女儿问我："妈妈，你们为什么要孩子呢？"

我猛地一惊，认真地想了想："为了让人生更快乐、更幸福！"

女儿皱了皱眉头，一脸纳闷地说："可是，你一点都不快乐。我没考好的时候，你生气；我忘了带文具，你发火；让你陪我看电视，你不高兴；让你陪我玩儿，你也不乐意……"顿了顿，女儿又说："只有我学习、做作业时，你才高兴，我考试得到你满意的分数，你才快乐……"

我的心一紧，当初我们生孩子，是为了生一个会学习的机器人吗？是为了按照我们设计的程序，执行程序化的学习人生——做作业、学古筝、学书法……活成我们预期的样子吗？

我沉思了，意识到教育是一件非常困难的事，需要对生命和成长的本质有深刻的认识；需要有智慧，有情商，还要有一颗无条件接纳孩子的心。如作家阿尔文·托夫勒所说："在为人父母的领域，仍然有很多外行。"

对生命和成长的认识，决定了我们教育的高度。引导孩子认识生命的价值，珍惜生命，享受生命中的喜怒哀乐。教育的最高境界就是要培养每一个人对生命的敏感，包括对生命的敬畏感。让孩子摸一摸刚出生的婴儿，感受生命的存在；自己养养蚕，感受生命蜕变的过程；一起阅读《生命是怎么来的》绘本；鼓励孩子对自身和生命

089

进行探索，唤醒孩子内在的生命力量，敢于去面对生命中出现的各种可能，明白悲欢离合、成败得失，都是我们生命中的一部分。

我们的成长经历决定了我们的育儿模式，我们会不由自主地进入这个循环模式。觉察到这个无形的模式，突破惯性思维，才能在亲子教育这条路上走得更远。否则，我们就会把成长的任务转嫁到孩子身上，让孩子迎合我们的期待，要求完美的孩子，来"喂养"我们长不大的内在小孩。

我们的成长中积累了很多的暗伤，有了孩子后，这些旧伤浮出水面，我们才有机会审视自己的人生。幸福的人用童年治愈一生，不幸的人用一生治愈童年。把我们的成长经历和接受的教育模式，跟现在教育孩子的模式梳理出来，两相对照，去发现其中的问题，去掉我们身上因袭的包袱，走出固有的模式，探讨适合孩子的教育方式。

每个孩子都是独一无二的，我们都知道，就是做不到！"为什么别人能考第一，你不行？""为什么别人那么优秀，你这么不争气？"……铺天盖地的教育理论和方法冲击着我们的大脑，似乎只有华生那句话才能慰藉家长不安的灵魂：给我一打婴儿，我能把他们培养成科学家、画家、音乐家……孩子呈现出来的，到底是缺点还是特

| 高三成人礼 |

点？我们已经习惯了拿一个标准去看孩子，哪里还有特点可言。怕孩子没有立足于社会的能力，不被社会认可，我们只能默认社会的标准，顺势而为。我们已经很久没有去静静地观察过我们的孩子了，看着她玩耍时候的自在、天真和投入，我一直都知道，那是我羡慕，却不敢活出的样子！鼓励孩子勇敢地做她自己吧，是生命本身而不是别人期待的样子！

我渴望探讨对子女的教育，却又不愿意加入群体。因为大家会不约而同地以分数去看待孩子，立见高低，这个观点在潜意识里隐藏得很深。我更怕我口不择言地搬出所有孩子的天敌——"别人家的孩子"！同龄人反感跟同龄人比较，我比谁都明白，就是走不出这个模式。

有一次我带女儿出门，一只可爱的小狗跟着女儿来到楼下，女儿说："妈妈，我想养它。"我和女儿说完道理后拒绝了，女儿眼里闪过一丝失望。我不知道的是，于孩子而言，小动物是他们心灵的港湾。小动物不在乎他们是不是成绩好，是不是很优秀。不管他们遇到了什么，小动物都会给他们无条件的关注。茫茫字海，偏偏这几个字像刀一样插进我的心里。我们爱的，只是孩子的优点和美好，所以，很多孩子选择带着自己的缺点和不完美离开这个世界。孩子的成就感，来自父母的认同；孩子的幸福感，来自父母的接纳。事物都是一体两面的，我们不愿意接受生命的坎坷和成长的挫折，也无法认识到生命赋予我们的意义。

教育技巧和方法，只是孩子成长的冰山一角。重新去认识生命和成长的意义，会让我们静下心来，放慢脚步，去观察和欣赏我们身边的这个小生命。

真实的世界，律动的生命，成长应该允许犯错，跌倒了再爬起来。敞开胸怀去接纳生命的全部，希望我的孩子成为一个平凡、真实而幸福的人！

在教育的路上，成长为最好的我们

二年级（3）班　王姝丹爸爸

如何教育孩子，如何给予孩子恰如其分的爱，应该是当下社会，各位父母面临的一个大难题。作为一个父亲，一直以来我感到无所适从。过于严厉了，害怕给孩子过大的负担；慈爱太多了，又觉得孩子无规矩无以成方圆。多少个夜晚，我看着熟睡的孩子，心里面因为在辅导孩子学习时发出的怒火和过激的言辞而充满了愧疚，因此，一个不合格的父亲，一直以来是我给自己的评价。

九月份，孩子给我带回来一本书——《这样爱你刚刚好，我的二年级孩子》。抱着改变自己，让自己成为一个合格的父亲，孩子能身心健康地成长的决心，我翻开了这本书。我很庆幸自己翻开了这本书，感谢博雅学校给家长们这么好的礼物。

什么是教育？德国哲学家雅斯贝尔斯说：教育就是一棵树撼动另一棵树，一朵云推动另一朵云，一个灵魂唤醒另一个灵魂。从这句话可以看出，真正的教育不是什么都管，也不是什么都不管，在管与不管之间还有一个词——唤醒。这是我从这本书里得到的最大感悟。一系列关于孩子的问题，我从中都得到了一些启示。

书的前两章"伴你成长""好的环境助健康成长"，讲述了孩子在一年级适应期结束后，随着学业难度的提升，家长需要帮助孩子适应新的挑战。这需要家长给孩子更多的陪伴，陪伴孩子参加学校的各项活动，给孩子树立榜样，营造荣誉感，尤为重要的是给孩子提供一个好的生活环境、学习环境，让孩子拥有舒适自由的成长环境，理解孩子各种各样的行为，尊重孩子行为的自由。让孩子能够享受环境的舒适和心灵上的宁静。

第三章里"爱的教育"和"教育似农业，催生伤孩子"这两个话题让我感触特别深。让孩子拥有爱，拥有一颗感恩的心，感恩自己所拥有的一切，也是我们对于独生子女教育的一个关键。让我们家长知道自己的不足，知道了作为家长，应该给予孩子心灵上的保护，让孩子的心灵不要受到我们不经意之间所造成的伤害；不要在学业上去催生自己的孩子，让孩子过早地受到了思维上和人格上的束缚；不要揠苗助长，毁掉了孩子在童年成长阶段的快乐。更让我知道了教养就好比一面镜子，可以看清自己在孩子成长过程中所扮演的角色。

该书至今我还没有读完，但是我很感谢这本书。它归纳出的四大类教养方式讲解详细，作为家长的我们可以对号入座，认清自己的教养方式，弥补不足。现在，我给我的分享做出一个总结。

| 武术课 |

1.制订规律作息表。规律的作息可以让孩子树立正确的时间观念，也是帮助孩子树立规则意识，适应社会生活的重要措施。

2.营造良好的学习环境。安静的学习环境有利于孩子专心学习，孩子在温馨舒适的环境下能够快乐自主地学习。

3.自主管理。合理安排时间，恰当安排各项学习任务，使学习有次序地进行；每天按时按量完成作业，有计划地把自己的学习管理好。

4.劳逸结合。在学习之余，孩子可以做自己喜欢的事，比如画画、练习书法、拼乐高等，还可以让孩子多做些力所能及的劳动，掌握生活的技能，这不仅能培养孩子的独立性，还能增强孩子的劳动观念。

5.重视孩子心灵上的放松。不要用大人的思维去束缚孩子的行为，不要让我们的爱成为对孩子的伤害。

我们作为成长中的家长，需要努力做到知在先，思在后，行在先，让孩子在正确的引导与呵护关爱中，成长为最好的自己。

《这样爱你刚刚好，我的二年级孩子》读后感

二年级（5）班　马钰婷妈妈

尊敬的领导们、老师们、家长们、小朋友们：

你们好！首先请允许我自我介绍一下，我是二年级五班马玉婷同学的妈妈。今天我很荣幸代表二年级五班的全体家长参加《这样爱你刚刚好，我的二年级孩子》家长读书沙龙。

下面来谈谈《这样爱你刚刚好，我的二年级孩子》这本书。"望子成龙，望女成凤"大抵是天下父母共同的心愿，优秀的孩子离不开良好的家庭教育，孩子在成长的过程中受到家庭环境及家庭教育的双重影响。作为父母，我们是孩子一出生就将影响孩子一生的老师，我们的言行举止无时无刻不影响着孩子。

我仔细阅读了《这样爱你刚刚好，我的二年级孩子》这本亲子图书，它让我感触很深。书中的很多观点让我认识到对孩子教育的不足，书中从生理学、心理学、教育学等多方面、多角度科学地分析了这个年龄阶段孩子的身体特点、智力发育特征及心理感情特殊性，让我知其所以然，通过有效的应对方法，科学地陪伴孩子成长。我收获很多。

我平时陪伴孩子的时间多一些，在教育孩子时，我会尽量做到以下几点。

第一，尊重孩子。我从不给孩子贴标签，不拿自己的孩子和别人的孩子作比较，懂得孩子的品格比能力更重要，每个孩子都有自己的优点，要尊重孩子。比如孩子成绩退步了，如果我拿她的成绩和别的

孩子的成绩作比较，她首先不是想着怎样提高学习成绩，而是很委屈，觉得自己的妈妈因为自己学习退步而不喜欢自己了。这并不能帮助孩子提高学习成绩，时间久了孩子还会自卑。抱怨和过多的批评对孩子没有任何帮助，而被父母伤害的自尊心却需要花很长时间去修复，也不一定能修复好。

第二，帮助孩子树立信心。其实我们做父母的都知道，孩子终归有一天会离开我们，踏入社会，用自己的双手和头脑创造自己的人生。我们可以在她年幼时给她提供舒适的生活，无微不至的呵护，但不可能守护她一辈子，总有一天她要独自面对这个复杂多变的世界，自己解决一切困难。我觉得如果你是真的爱孩子，就要在孩子离开你之前教会孩子如何与这个世界相处，这才是对她最大的帮助和保护。培养

出适应社会的孩子，让孩子在社会上生活得开心、顺畅，如鱼得水，游刃有余，才是作为父母最大的成功和最高的荣誉。

婷婷今年报名参加了航模课，第一个星期回家，我问她学得怎么样，她说听不懂，在学习新事物时，信心不足，害怕失败。我鼓励她，不懂没关系，只要认真听慢慢就会懂；我鼓励她不要轻言放弃，失败是成功之母，只要坚持下去，就能把事情做好。渐渐地我发现她越来越自信，也越来越喜欢上航模课了。

第三，多阅读，开阔孩子眼界。我们都知道书籍是人类进步的阶梯，多阅读，阅读各种各样的书籍，不但可以开阔孩子的眼界，而且可以让孩子积累很多知识，学习古人的经验教训，更好地指引孩子以后的人生道路。许多书里包含着做人的道理，很适合孩子，比如《伊索寓言》《一千零一夜》《格林童话》《安徒生童话》《希腊神话故事》《老人与海》《钢铁是怎样炼成的》《假如给我三天光明》等；还有的书里介绍了很多科学文化知识，比如《昆虫记》《海底两万里》《神秘岛》《博物馆魔法之旅》《国家地理·世界卷》《中华上下五千年》《八十天环游地球》等。所以请让孩子在知识的海洋里遨游，让孩子多读书，读好书。

天空读懂雏鹰，方能给其博大的舞台；大地读懂小草，才能给其肥沃的土壤；父母读懂孩子，才能给其健康快乐的生活。我坚信懂孩子的爱才是真正的爱！懂了，路就通了，路通了，自然就能到达你理想的目的地。

家长篇

孩子的成长，是我们的"家"事

二年级（5）班　张诗博妈妈

　　岁月流逝，时光荏苒，孩子在慢慢长大。我的孩子今年7岁，我也当了7年的妈妈，和天下所有的母亲一样，从怀胎十月我就开始计划如何做一个合格的母亲，我幻想我将怎么教育他，他会成为一个什么样的人，会有一份什么样的工作。但我最大的愿望还是希望他能健康、开心。随着孩子慢慢长大，我发现很多事情并不像我想的那样顺利和容易。在孩子的成长中，我也在不停地总结、反省，希望他在展望中成长，这是一个烦琐、持久、润物细无声的过程，在这个过程中每个孩子逐渐拥有自己的学习方法和人生品格。

　　孩子是每一位父母心中的宝贝，我们盼望着他们茁壮成长。在教育孩子的过程中，除了老师，父母也扮演着重要的角色，家庭教育和学校教育同样重要。在此，我将教育孩子的一些心得与大家一起分享。

　　第一，孩子道德品质的培养。当下社会的大环境，可能对一个孩子的衡量标准更多体现在学习的分数和名次上。"今年考了多少分啊？是班里的第几名啊？"等等这些话语，几乎每个亲朋好友见到孩子都会问上一句。学习成绩名列前茅的孩子在学校也能得到老师更多的关注，但是道德品格的培养一定是必不可少的。我认为这是最基本也是最重要的，比如学会感恩，学会尊重，学会关心他人等。这方面孩子做的还是比较好的，比如现在他会经常想去看他的幼儿园老师；知道小时候外婆带他比较辛苦，所以经常给外婆打电话，多照顾外婆；知道在公共场合不能搂搂抱抱，不能大声喧哗；垃圾不能随处乱丢；不能损坏公物；等等。在家里也能做些力所能及的事情，早上起来会把被子叠了，吃完饭也会主动帮忙收拾、洗碗，积极参与劳动，扫地、擦桌子等。

第二，和孩子一起以积极的心态面对学习。从进入小学起，孩子开始为学习任务的加重感到不适应，力不从心。我和孩子爸爸虽然心里着急，但是不会表现出来，我们会及时和孩子沟通，从多方面鼓励他。每当他有些难题解答出来和考试有进步时，我们都会表现得非常开心。让孩子觉得每一次微小的进步，我们都看在眼里，只有努力，才会让自己做得更好。

第三，及时消除孩子的浮躁情绪。孩子现在有自己的思想和想法，有时会心浮气躁，学习时静不下心，做作业时不认真。特别是周末网课加上学校的作业，量多的时候，孩子偶尔会觉得辛苦，有怨言，这时我会让孩子把作业先放下，冷静一会儿，然后再耐心地和他沟通，让他明白：生气不会解决任何问题，心里不愉快还不如欣然接受事实，心平气和、高高兴兴地去做，效率高了，做完作业多余的时间就可以做自己感兴趣和想做的事情了。有时候我也会跟他讲，我自己工作也会有难题，也需要我自己想办法去克服，去完成。我的任务是好好工作，他的任务是好好学习，我们要共同努力。

第四，了解孩子，尊重他的爱好。每个孩子都有自己的喜好，父母不应该以自己的喜好和对错来帮孩子做决定，这样会导致孩子没有主见。现在诗博的衣服、鞋子都是根据他自己的喜好买的，今天想吃什么样的菜也是他自己做决定，他现在意识到自己的学习成绩不理想，网课也是他自己主动要报名的。特别要注意的是不管什么事情，一旦问了孩子的建议之后，一定要认可或者采用孩子的建议，不然孩子会觉得自己说的话和想法并不重要或者大家并不认同他的看法，久而久之他就不会提建议了。孩子能自己做的事，家长不要包办。父母应顺其天性，注重引导，让爱成为孩子走向成功之路的导师。

第五，要有好的家庭氛围，并且说到做到。原生家庭对孩子一生的影响都是巨大的，所以家庭的氛围对孩子的成长是非常重要的。父母在孩子面前最好不要有一些争吵的行为；对孩子的承诺要说到做到，如果实在做不到要非常正式地和孩子说明原因。

当然在教育孩子的过程中，我也一次次地在总结，在反省，也会在控制不住自己脾气骂他之后后悔，同时也会觉得孩子常常比作为妈妈的我更大气，更优秀，他会在看到我生气的时候主动来道歉，来撒娇卖萌，逗我开心。

最后，我想感激我的孩子。因为有了他的出现，才有了我的成长。7 年来，我收获了很多，这些都是孩子给我的。虽然有苦有泪，但孩子给了我坚强；虽然有迷茫，但孩子给了我坚定的希望；虽然有困难，但孩子给了我无穷的力量。但更多的感谢要给不辞辛苦、呕心沥血付出的老师们，因为有你们，孩子才会不断进步，健康成长。老师们辛苦了！

原谅我以爱的名义对你的绑架

二年级（5）班　付裕鑫妈妈

亲爱的儿子：

　　妈妈提起笔来给你写这封信时，心里五味杂陈。作为一个成年人，我不愿意向一个小孩承认自己的错误，但是作为一个母亲，又感觉到这件事对我来说意义非凡。

　　每一个妈妈都是望子成龙的，我也不例外，我希望你是一个优秀的孩子，所以对你事事都很严厉。三岁开始就让你去上兴趣班，没有征求过你的意愿，也从未意识到那只是我自己的"兴趣"而已。为了激励起你的斗志，妈妈总是拿你和其他的小朋友作比较，总是打击你，说你笨，说你的表现没有别人家的小孩好。对你提出要求，不给你拒绝的机会。在我们的面前你顺从、听话，但也变得有些胆怯，不自信。别人家的孩子去学了什么，我就很怕你落后，也会马不停蹄地跟上，给你报很多的补习班，几乎占用了你所有的课余时间。因为我的性格比较急躁，如果你的表现不能让我100%满意，我就会对你拳脚相加，可是我却忽略了自己也从来没有做过"满分妈妈"。

　　你转到博雅一年的时间，犯的错不少，被我"教育"的次数更多。我希望你是一个听话、懂事、成绩好的宝贝，所以每次听到老师反映你的问题我都会很恼火，也基本不听你的解释。我总是纠结于你试卷上的分数，却没有好好坐下来和你一起分析过下次你要怎样才能做得更好。我现在都还清晰地记得，有一次补课回来，你没有做出一道老师布置的题，我在一旁急得不行，直接踹了你两脚。晚上你睡觉的时候，转身面向墙壁，偷偷地抽泣。我问你哭什么，你说："我怕。"那个场景一直在我的脑海中回放，久久不能散去，我自以为的"为你好"究竟带给你多少成长，我竟不敢细数。

上周你在学校又犯错了，老师把我和爸爸喊到学校，不料老师不是说你的问题，而是把我和爸爸教育了一通。那天我回家想了很久，原来我们一直都是错的，如果那天老师不把我们喊到学校，我想回家对你又是避免不了的一顿批评教育。

儿子，对不起。我和爸爸很爱你，所以想要为你付出所有，想要倾尽所有给你最好的，却没有问过这些是不是你想要的。对不起，妈妈没有真正听过你的心声，至今难忘你选上足球选修课时欢呼雀跃的样子。

宝贝，因为妈妈爱你，所以我依然是一个望子成龙的妈妈，我希望你的优秀是努力、上进、善良、勇敢，当你拥有了这些品质，再恰好有优异的成绩，那在你人生中就是锦上添花；因为妈妈爱你，所以我会慢慢改掉自己暴躁的性格，给你更多的时间和空间去成长；因为妈妈爱你，所以我会认真倾听，给你足够的尊重，我想要更加靠近你的心，我和爸爸会努力成为你生命中最值得信任、倾诉和依靠的人；因为妈妈爱你，所以想要和你一起成长。我的目标就是做一个名副其实的"满分妈妈"。我希望即使再过十年、二十年，你再看到这封信，仍然可以确信，爸爸妈妈是爱你的，你一直都是爸爸妈妈的骄傲。

儿子，我们永远爱你！

检讨人：爱你的妈妈

2021 年 4 月 3 日

唤醒生命的种子

孙皓轩妈妈

在孩子一年级适应期结束后，随着学业难度的提升，家长需要帮助孩子适应新的挑战。家长积极融入学校、班级大家庭，积极参加学校、班级组织的各类活动，给孩子树立榜样，培养孩子协同合作能力和集体荣誉感。给孩子营造舒适安全的居家环境同样重要，特别是给孩子提供一个相对私密的空间。我想起孙皓轩小时候喜欢钻进衣柜里，拉上推拉门，我以为他是在捣蛋，和我玩捉迷藏，读了《这样爱你刚刚好，我的二年级孩子》才明白，私密的空间可以给孩子带来安全感，可以给孩子带来舒适自在的感觉。

教养方式就好比一面镜子，家长可以看清自己在孩子成长过程中所扮演的角色。该书归纳出来的四大类教养方式讲解详细，作为家长的我们可以对号入座，认清自己的教养方式，弥补不足。本书中我印象最深刻的是"放下手机，陪伴孩子"。手机被描述成人们的另一个"器官"，这说明了手机在生活中扮演了重要角色，大人的工作、学习、娱乐等都通过手机完成，但是在孩子眼里手机只有一个功能——娱乐。当我们拿着手机督促孩子别玩手机，抓紧时间写作业的时候是不是有一种"只许州官放火，不许百姓点灯"的感觉，这样的教育就没有说服力，所以放下心爱的手机去陪伴我们的孩子吧！

"教育似农业，催生伤孩子"，多真切的描述啊！它告诉我们孩子的发展有规律，遵循规律，超能孩子不是由父母决定的。让我们带

103

| 家长读书沙龙布置 |

着鼓励的心情为孩子每天或多或少的进步微笑鼓掌吧！

"德才兼备。"努力学习知识的过程中也要注重孩子道德品质的培养，这为我们在孩子的德行教育中提供了好的借鉴和方法。

"才艺双馨。"才艺也是一种学习，但若能化此种学习之枯燥为快乐的源泉，那我相信孩子的才艺肯定会有大的进步。

如今，孩子教育是父母最关注的问题。我们二年级的孩子还小，还处在人生成长的头几年，如何使他日后的生命变得更有意义，在教育这条道路上，我们任重而道远。我们今天给孩子播撒怎样的人生观、价值观、世界观，我们的孩子就将收获怎样的生命高度和深度。就让我们为人父母者，用自己的言传身教、以身作则去唤醒一粒幼小的种子，用自己的真实行动来慢慢影响它，让它生根发芽、枝繁叶茂。

我不只是妈妈

吴翔曦妈妈

当一个崭新的角色降临，我怀揣着各种喜悦和憧憬，期待小生命的到来。

十月怀胎，一朝分娩，当宝贝发出第一声啼哭的时候，我也哭了。为自己怀孕的艰辛哭，为分娩时的艰辛哭。当孩子的哭声再次传入我的耳朵，我笑了，因为突然感觉自己哭得比他更像个孩子。我将小小的人儿拥入怀中，从此我多了一个名字——"妈妈"，这是一份温暖，也是一份责任和羁绊。

当孩子开始牙牙学语，蹒跚学步，我成了他第一个同学。弯腰同他一起学走路，一起说着叠声词，"吃饭饭""洗手手""睡觉觉"。

当孩子可以识物辨物时，我成为孩子的第一个老师，教他明辨是非，教他识字认字。精心教养，悉心教导。从我给他讲故事到他给我讲故事，从看《阿衰》《爆笑校园》到《安徒生童话》，从学一年级语文、数学到学二年级语文、数学，这些时间，我跟孩子相伴成长。

当小豆包背着书包走进校园，开启他校园第一篇乐章时，我成了他的引路人，在他学习之路上恰如其分地引导。我心里充满愉悦，也伴着各种担忧。我的孩子终于步入这片教育的圣土，在这里将开辟一个新的学习天地，开启一段新的成长历程。我用全部的爱和耐心浇灌这棵小幼苗，让他时刻心怀感恩，爱老师，爱同学，爱学习，有梦想。从他进入学校的那一刻起，我就一直做得比他更爱他的校园，比他更

105

爱他的老师和同学。从来不会让孩子落下一次校园活动和班集体活动，积极配合学校老师的工作。带着赤诚的爱，我时刻感恩学校和老师。我的孩子思想端正、成绩优良地快乐成长着。

悄然间，我的小小人儿已成长为一个小小少年，他已经步入新的征程。我是他最好的倾听者。每周我都期盼去接他，每次我都会早早地等在校门口，那是我最甜蜜的等待。我喜欢听他说他的学校、他的老师、他的学习，感觉回家的车程特别短，一周没见，母子俩总是有聊不完的话语。虽然我很少进校园，很少跟他的老师们接触，但通过孩子的言语，美丽的校园、兢兢业业的老师们、可爱的同学们都鲜活立体地呈现在我的脑海里。遇见博雅是我的幸运，与博雅里这些最可爱的人相遇是孩子最大的幸福和最宝贵的财富。

| 家长读书沙龙 |

读《这样爱你刚刚好，我的二年级孩子》有感

邓治彬妈妈

尊敬的各位老师、各位家长：

大家晚上好！

首先，要感谢学校的各位领导、各位老师给我们家长提供这次互相学习交流的机会。对我而言，这次读书沙龙交流活动与其说是一次分享自己的读书经验或心得感悟的活动，还不如说是一次向各位老师、各位家长学习关于孩子的教育方法的机会。

开学伊始，我家孩子从学校拿回一本名为《这样爱你刚刚好，我的二年级孩子》的书，并要求我认真阅读。我静下心来，用了一周的时间仔细地阅读了这本书，然后，结合书本方法，调整了我和孩子的相处模式，颇有收获。今天，我很高兴也很荣幸借此机会在这里和大家一起交流探讨孩子的教育问题，并抛砖引玉地谈以下几点看法。

第一，孩子的理性是不断成长的，家长要做的不只是喂养他们，更重要的是要引导他们。

"人之初，性本善。性相近，习相远。"孩子的后天养成，和他的生活环境、生活习惯有着密切的关系，"父母是孩子的启蒙教师，孩子是父母的一面镜子"，因此作为家长，想要孩子成为什么样的人，我们自己首先要成为这样的人。

举个例子，"怒路症"相信大家并不陌生，这是现在很多司机都会出现的一种不好的驾驶习惯。我曾经也有过，在驾驶过程中看到占

道的车，也曾经不停按喇叭催促，甚至说一些抱怨的话。直到有一天，我儿子在车上大声和我说："妈妈，他有病啊，怎么开车的，你按喇叭催他！"我突然发现，自己经常做的事、说的话出现在了孩子身上，是那么不协调。于是，我耐心告诉我的孩子，这样说甚至这样想都是不对的，很不文明，很不礼貌，并且向他道歉说妈妈之前做的也不对，以后我们一起改正。从此，我再也不说抱怨和过激的话，孩子也没有类似的想法了，我们一起纠正了这种错误。你要让孩子知道，做什么事都只能要求自己做好，不能依靠旁人，更不能抱怨旁人，要做文明人，说礼貌话。

当然这只是引导孩子的一个例子，除了言传身教，我觉得更重要的引导是给孩子指明怎么做。其实作为一个二年级的孩子，他虽然有了是非对错的观念，但还不能对"是与非"进行准确判断，因此当孩子做错事时，我会告诉他错在哪里，这么做为什么是错的，以后类似的哪些事是不能做的，如果做了会导致什么样的后果，而不是因为做错了就责备他，这样他只知道这么做妈妈很生气，但为什么错了，他完全不知道，下次可能还会犯类似的错误。而当孩子做了一件正确的事，我不是单纯地表扬他，奖励他，而是告诉他这么做对在哪里，对他有什么帮助，并鼓励他继续努力。这样做，能够引导孩子在做事前自己进行分析判断，自己承担后果。

第二，尊重孩子，培养独立性。

孩子虽然小，但他首先是一个独立的人，拥有独立的人格、感情和思想，我们应该尊重他们。比如，放假了，孩子自己试着制订全天的生活、学习计划，但我会给一些的建议，并告诉他这种建议的优点。家里有涉及他的事情，我都会先告诉他，先听听他的意见，尊重他的观点。在兴趣班的选择上，也是按照他的喜好选择，不逼迫他做不喜欢的事情，但一经选定的事情，我还是会监督他有始有终，不能半途而废。

其实，在与孩子相处的过程中，不只是他在学习，我也一直在学习，不断总结、修正教育方法，做到既尊重，又不放纵。我也时刻谨记，自己曾经也是一个孩子，回忆自己小时候，第一次独立去商店买东西时的喜悦，第一次自己过马路时的自豪，在学校得了第一名特别想和妈妈分享的迫切心情，体育课上没有别人跑步快的自卑心理等种种记忆深刻的事情，然后想我当时应怎么做就好了。因此我也换位思考，放手让我的孩子去做我作为孩子时会觉得快乐的事，也让孩子通过自己的努力提高幸福感，避免去做可能会受到伤害的事。但"授人以鱼不如授人以渔"，关键还是尊重孩子，教会孩子方法，树立孩子的自信心，既避免孩子走人生的弯路，又让他自己去体验人生必经的酸甜苦辣，健康成长。

第三，一定要让孩子学会阅读，养成阅读习惯。

我上学时，我的语文老师就告诉我，阅读可以给人带来丰富的知识、无比欢愉的快乐、人格上的熏陶，且要想学好语文，阅读是基础。所以，每天坚持阅读一小时，非常有必要，而且我觉得阅读不光是学习语文的基础，更是学好其他科目的基础。所以周末在家，我也坚持陪孩子阅读，并和他一起对阅读内容进行讨论，慢慢培养他分析、概括的能力。所有的家长都希望孩子好读书、读好书，但其实要想做到这一点，真的非一朝一夕可以形成，有益的读书方法，贵在持之以恒，良好的读书习惯一经养成，孩子自然就会热爱读书。

坦白地讲，今天交流的话题对我触动颇深，这既是一次交流，也是一次我教育孩子过程中的"回头看"。其实孩子的教育真的是一个不断变化的动态过程，有些理论说得再好，实践下来也总会出现偏颇，因此需要不断结合实际进行修正，我在对孩子进行教育的过程中也常有做得不对的地方，每每回想起来就感觉有愧于正在读书求知的孩子。

但在这里要感谢博雅实验学校对孩子系统科学的教育，感谢各位老师在教学过程中给孩子的引导、帮助和关爱。我作为孩子家长，一定积极配合老师，共同构建家校教育的和谐沃土，让孩子在和煦融融的阳光下接受教育，快乐成长！

家长读书沙龙

你的样子

婉宸家长

亲爱的婉宸，从我第一次见你，到现在已经 8 年多了！记忆中初次见你，我内心抑制不住的喜悦，我知道，对于这个世界，你是陌生的，你宛如清晨初升的太阳，第一次睁开眼小心翼翼地窥探着这个多彩的世界；我也知道，对于我和你妈妈来说，未来我们的生活会因为你的出现而变得绚丽。同时我们也感到了深深的困惑，初为父母的我们不知道怎么教育你，我们想给你更多的爱与关注，我们想让你变得与众不同，但我们也害怕给你的太多而让你感到压抑。今天爸爸思考了很久，想和你认真地聊聊，想告诉你我们希望中的你未来的人生模样。

我们希望你是一个自信自强的孩子。人生多磨砺，古有明太祖朱元璋乞讨时不忘天下之志，今有廖智地震中失去双腿依旧为梦想而努力歌舞。无数的故事告诉我们，真正使我们强大的是根植于我们内心不服输、自信自强的精神和意志，纵使环境复杂多变，困难重重，请你一定要相信，相信内心那永远向上，永远自信的力量。

我们希望你是一个谦让有礼的孩子。中华民族自古以来就是礼仪之邦，我们坚守仁义礼信，我们坚持尊老爱幼，我们坚持着浩浩荡荡五千年历史流传下来的美好礼仪文化，这也是中华民族屹立于世界之林，备受尊重的重要原因之一。在未来学校生涯以及社会生涯中，我们希望你可以尽自己所能，帮助平凡生活中需要帮助的群体，时刻保持高度的自律和礼貌。

我们希望你是一个拼搏向上的孩子。现在的社会越来越残酷了，逆水行舟，不进则退。只有通过自己的努力，不断拼搏、不断进步，去正确地获取成功的果实，达到理想的目标，你一定会感谢曾经努力的自己。关于未来，我们不想给你太大的压力，但我们希望你时刻铭记，他人给予的终有一天会消失，只有自己变得足够强大，足够优秀，不断提升自己的本领，才是永恒！与其临渊羡鱼，不如退而结网，爸爸希望你能主动思变，主动进取，努力拼搏向上。

　　我们希望你是一个懂得爱与感恩的孩子。物质社会中，有一些爱与感恩可能会逐步褪色，但要相信，它们不会消失。时光在流逝，草木会枯老，但爱与感恩不会！我们希望你可以感恩生命中遇见的每一个人、每一件事：你要感恩爸爸妈妈，是他们赋予了你的生命；你要感恩老师和同学，是他们教会你汲取知识、如何在学校与人相处；你要感恩每一个小麻烦，是它们教会你成长……你要感恩的还有许多，请记住，我们存在的价值是因为我们对社会有贡献，我们要对社会回馈我们的爱与感恩。

　　对于你，爸爸是愧疚的，几年来，爸爸一直奔波在外，给你们的陪伴很少。未来的日子，相信爸爸会有能力给你们更多的陪伴，让我们一起坚持，一起拼搏，一起成长，我们也希望我们所希望你成长的样子是你自己最爱的样子。

我深爱着你，我的三年级孩子

三年级（1）班　吴定玹妈妈

带无忧买鞋。

看到 278 元的标价，死活不肯要了！他说："太贵了，妈妈，我们不要这么浪费吧！"

营业员阿姨被逗笑了："不贵的，小朋友，我们要打折呢，打完折也就 100 多块钱。"

对钱没有概念的无忧完全蒙了，求助地看着我。

"是的，是的，不贵的。"得到我的证实，无忧才放心地买了下来。

出了店门，所有的东西他要抢着提，死活不松手，理由是：妈妈是女生，很辛苦，男生就应该多尽力！

无忧不铺张浪费又会关心他人，我是深感欣慰的，我一直深深地爱着他。

"无忧，在学校你要和同学友好相处，不能给老师添麻烦，你要认真学习哦，只有努力了，长大后才会实现你的军人梦想！"每次将孩子送回学校，我都会千叮咛万嘱咐。

"嗯，好的，妈妈，我会的！"无忧每次都会乖巧地答应然后背着书包欢快地向学校飞奔而去。

我以为我爱他入骨，给了他正确的人生指导，他一定会按照我认为的方式乖巧成长。

谁知三年级的孩子会调皮捣蛋了，会做些让我大跌眼镜的事

113

情了。

当发现一棵小树苗有长歪的趋势的时候，一定要及时扶正。

既要下得了手又要狠得下心，这样的活儿交给孩子他爹吧！庆幸我没在现场，有心疼和失望，我想我会哭得比他还凶！

被狠狠教育后的他，怯怯地仍旧把小手满心依赖地交到爸爸的手上。

看着他哭红的眼睛和懵懂无知的模样，我相信我的无忧好好教育一定不会差的！孩子就是一张白纸，家长就是挥毫泼墨的人，想要他成为什么样的人，大部分取决于家长的正确引导。

我和他爹拼尽全力做好榜样，我们努力工作，认真生活，每次获奖都会告诉他这是我们努力后的结果，我们相信孩子会有样学样！

几个月后的家长群里，我看见孩子居然取得了"进步之星"的光荣称号！

回到家，无忧受到了我的表扬，他说："选'进步之星'的时候，我勇敢地站起来告诉老师，我的字写得很好，我有很大的进步，我可以当选！然后老师就同意啦，还让全班同学给我掌声！"

"哇，这么棒啊！无忧还会这么成功地推销自己，肯定自己的付出，但也要正视自己的不够努力！"

在我们看不到的地方，孩子在努力，在成长，在拼命表现自己！所以做妈妈的要放大他的优点，接纳他的缺点，在他成长的路上，我会一路陪着。

我是如此深爱着你，我的三年级孩子！

九岁，与你一同成长

三年级（2）班　牟星宇妈妈

　　我是做学前教育的，孩子三年级了，问题接踵而来，这让我们感觉到孩子突然间长大了，不能再用幼儿的观念去教育他了。三年级之前，一切那么平静而自然地进行着，我常常会听到身边亲戚朋友对孩子的夸赞。进入三年级后，似乎一切都来得猝不及防，每天收到老师的电话、微信，反映着孩子在校的种种行为，这突如其来的改变不止是因为孩子换了学校环境，换了学习模式，也有受全球性的疫情影响。

家长篇

｜校园一隅｜

当孩子每天层出不穷的问题让我和孩子爸爸愁眉不展时，学校赠送给家长的《这样爱你刚刚好，我的三年级孩子》这本书像及时雨一样来到我身边。读完这本书，我想将感受最深刻的几点和大家分享。

一、放下期待，及时肯定、赞美、认可孩子。

放下期待，让孩子成为他自己，当我们不强迫孩子改变时，才可能真正陪伴孩子。

没有人喜欢被说教，没有人喜欢被控制。当我们想要按自己的想法改变孩子时，无论出发点多么好，道理多么正确，其实都是在传递着"我不喜欢你现在的样子，你应该变成另外一个样子"，这个改变本身就会让孩子产生抗拒。

很多时候我们和孩子在一起时，不停地挑剔、指挥孩子。孩子玩水，嫌浪费水；孩子玩土，嫌弄脏衣服；孩子想吃肉，指挥孩子多吃青菜；孩子开心地跑过来要妈妈抱，妈妈却让孩子先去洗手……在这种"陪伴"下，大人孩子都很累，而且不开心。为什么想要改变对方？因为看不见对方的真实存在，只看见我们头脑中想象出来的"正确"的孩子。头脑中的想象是最可怕的，因为它会找到一万种理由来证明自己就是真理，所以放下期待和改变。

如果孩子很好地完成了某件事，父母要及时肯定、赞美、认可孩子，强化孩子专注的行为。如果孩子在同一时间专注某事，事后父母应该及时地给予孩子鼓励和肯定。这可以让孩子明白专心做事是正确的，是值得肯定的。赞美和认可一定要及时、具体，不能泛泛去夸，如"宝贝你真棒"等语句。

二、投其所好，事半功倍。

爱他就该如他所愿，而非如我所愿！这句话一直深深地刻在我的心底。每每要求孩子的时候，我都会反思自己，是他自己喜欢的吗？还是我自己做不到，却要求孩子去替我完成的愿望？

如果孩子将注意力集中到自己感兴趣的事情上，你会发现，孩子是不会厌烦的。在对这些东西的探索中，孩子能体会到最大的乐趣，所以能保持惊人的耐心、细致。

我们要允许孩子自主地探究事物，让他们将注意力完全集中到自己感兴趣的事物上。当孩子能够自己完整地、不被打扰地看一本书，玩一个玩具，和朋友有始有终地下一盘棋、拼一个拼图时，他才会慢慢地把握事物的内在规律，保持探究的欲望和耐心，哪怕是孩子正专注地观察一只蜗牛，我们都应该支持他、鼓励他，因为他觉得很有趣。

三、过分关注，反成干扰。

其实，孩子注意力不集中很多时候是父母的不良习惯造成的，这个不良习惯就是打扰孩子。我想问一下各位爸爸妈妈，当孩子正专注做一件事的时候，你们是否有过以下举措：一会儿问"你要不要喝水啊"，一会儿又问"你要吃点儿水果吗"，一会儿又说"该吃饭了"……比如孩子正在观看一幅画，专注而宁静，他与这幅画建立了联结，感受到画的精神生命，如果这时候父母自作聪明地横插一刀，告诉孩子这幅画的名字是什么，作者是谁，想表达什么主题思想等，那么孩子的感受就会被割断。这种事情经常发生。假如孩子的头脑中积累了大量知识，看到各种事物时就会第一时间利用已有的知识去探索，从而失去自己的感受力，让灵性的头脑变成流水线上的电脑。这样的孩子走进社会，可想而知，只能去做别人分配给他的工作，而无法成为一个创造性的个体，主动创造自己想要的体验。

四、孩子是父母的一面镜子。

该书的最后一个章节让我感触很深，我常常会从孩子身上看到我自己的影子，我内心是讨厌那个不完美的自己的，所以希望孩子改变，希望他变得更好。这样永无止境，当然就看不到孩子的优点，和孩子相处的时候，更多只顾及自己的感受而没有站在孩子的立场看问题。

每个孩子出生时都像一张白纸，后来涂抹上的每一个缺点都是我们家长所为。孩子的成长，在我们身上是有迹可循的：如果我们的孩子嫉妒心很强，那或许是因为我们总是拿他和别的孩子比较；如果我们的孩子很容易生气，那或许是因为我们对他的赞扬不足，他只有做错事时，我们才会注意到他；如果我们的孩子懒惰和依赖性强，那或许是因为我们替孩子做的事和决定太多了……所以大文豪列夫·托尔斯泰才这样说："全部教育，或者说千分之九百九十九的教育都归结到榜样上，归结到父母自己生活的端正和完美上。"我们想让孩子成为什么样的人，那就需要先让自己成为那样的人。

育儿是一趟因果旅程。要培养好一个孩子，父母就一定要谨言慎行，处处做孩子的表率，因为不管是好的还是坏的行为，其实都是孩子在你教育的影响下结出的果实。

关注自我教育和自我成长，做好榜样，这无疑是送给孩子最好的人生礼物。

我和孩子爸爸反思了一下，孩子六岁就开始住校，然后弟弟出生了。孩子会认为因为弟弟的出生，我们对他的爱和关注都少了，从而产生因为他不够好，我们不爱他了的心理，于是就做出各种行为引人关注。我们意识到问题后，就每天把孩子接回家，用心陪伴，无条件接纳他，以身示教。半年多时间，也稍有改善。教育就像孩子的成长，缓慢且长久，我们做好了准备，与孩子一同成长。因为孩子的童年，错过就不能重来！

这样的爱刚刚好

三年级（3）班　胡茗理妈妈

孩子是父母心中的宝贝，我们都盼望他们健康快乐地成长，孩子的教育是人们生活中的头等大事，家庭教育在孩子的教育中举足轻重。在教育的过程中，除了老师之外，家长也扮演着重要的角色，现在和大家分享我的育娃经验，希望能与大家共同探讨孩子的教育问题。

一、培养孩子良好的学习生活习惯。

我以前看到这样一句话：一个人的习惯能够决定一个人的性格及命运。这句话我深信不疑。儿子上学的第一天我就要求他放学回家后的第一件事就是做作业，而且限定时间。针对他写作业慢的情况，我想办法培养他做事快的习惯，给他讲明道理：只有把自己的事尽快做好了，才有时间玩或学别的东西。在完成课本习题的基础上，再让他做一些巩固型的题，进一步加深对课本知识的记忆。每个周末，我会抽时间带孩子出去玩玩，让他观察周围的事物，同时也增加了亲子间的感情，不让他感到孤独。让孩子读一些课外书籍，培养他阅读的习惯，使他的知识面不断拓宽。星期天的晚上，每当电视在播放小品、相声等娱乐节目时，我总要和孩子一起分享每一分钟的快乐，同时也能帮助孩子缓解学习上的压力。因为儿子小，我平时很少让他干活，这让儿子变得有点懒惰，就连顺手丢趟垃圾他也懒得动。针对这种状况，我很着急，于是就采取行动改变他，先是给他讲一些小故事；再是鼓励他，做一点儿事就立刻表扬他；还实行物质奖励，比如扫地奖

119

励两元，刷碗奖励五元等。这样儿子就变得勤劳多了，吃完饭就自己去干活了。看到儿子有所改变，我由衷地感到高兴。

二、注重与孩子的沟通交流。

父母要放下高高在上的姿态，学会平等地与孩子交流，静下心来倾听孩子要诉说的一切，哪怕此时你再忙、再累，也要专心致志地倾听。经常询问孩子：在学校有什么搞笑的事吗？上课时你对自己的表现满意吗？这星期你又学了哪些新知识？每当我这样问儿子的时候，他总是十分兴奋地向我汇报一切。当他说出自己对事情的看法时，我也会尊重他的意见，与他商量，给了他足够的信心和尊重，我认为这些对培养孩子的品格十分重要。我们做家长的，只有尊重孩子的人格、意愿和情感，平等地言传身教，才能潜移默化地影响和感染孩子；只有贴近孩子的心灵教育孩子，才能使孩子听得入耳、入脑、入心。儿子时常会提出许多问题，但凡能解答的，我都认真解答，当时不能解答的，我都会尽力查资料给他一个答复。

三、让孩子少一点儿压力，多一点儿简单的快乐。

在学习之余要注意让孩子适当放松，我每晚会抽出半小时的时间带儿子散步，利用这段时间，去了解儿子的精神需要，和儿子谈心，随时观察其身心变化，并善于利用生活小事，与儿子敞开心扉交流。作为家长我们要学会用欣赏的目光看待孩子，善于捕捉他身上的闪光点，不要将他与别人的孩子相比，要将孩子的此刻和过去进行比较，纵向看进步，及时发现和肯定孩子所获得的成绩，使孩子感受到我们的赞美和鼓励，提高他的自信心。孩子的心是敏感的，撒下什么样的种子就会开出什么样的花，就会结什么样的果实。因此，我真诚地期望家长们撒下美丽、善良、友爱的种子，让美丽、善良、友爱的花开满孩子的心田。不要让"望子成龙、望女成凤"的心理期望变成孩子的压力，顺其自然，因材施教，让孩子轻松简单地学习，要相信是金子总是会发光的！

四、拒绝做培养高分低能孩子的家长。

在现实生活中，只要是家长聚集的地方，空气中飘浮的都是关于分数的问题。每到期末测试，总有许多家长问我儿子考了多少分，说他的孩子又考得不好了，孩子难过，他也伤心之类的话。在我看来，一个三年级的孩子，他能按时完成作业，认真对待考试就行，不管考了多少分，我从未责怪过儿子，只要他能理解、懂得运用知识就行，不能用分数衡量孩子。

四川省的一名女高中生今年以比较高的分数考入了中国科技大学物理专业。入学后，她高超的计算能力受到了老师和同学们的交口称赞。可是，她做实验的能力非常差，一连三周下来，她竟未能完整地做好一个实验，这又使她的老师大为恼火。这是一个典型的高分低能的例子。

从以上事例来看，我觉得我们做家长的真的不要急，静待花开不是一句安抚人的废话，是非常有道理的。当然静待花开并不是说家长什么也不做，而是用正确的方法引导孩子。就如农民种庄稼，要想收获，播种、浇水、除草、除虫都是必需的，而不是把种子撒下了就不管了，或者连种子都不撒，就指望地里长出东西来；但必需的浇水、除草、除虫也是有一定限度的，如果天天浇水、除草、除虫，那种子肯定也生长不好。应该把握好"度"，该放手时放手，让孩子健康快乐地成长。

博雅学校2020年秋季学期第三期家长读书沙龙

为孩子读一本书

同读书籍
《这样爱你刚刚好，我的五年级孩子》
活动时间
2020年11月19日（周四）晚上7:00-9:00
活动地点
博雅学校英语活动室（高中部一楼）

诚邀你加入我们

博雅学校2020年秋季学期第二期家长读书沙龙活动

为孩子读一本书

同读书籍：《这样爱你刚刚好，我的高一年级孩子》
活动时间：2020年11月5日（周四）晚上7:00-9:00
活动地点：博雅学校英语活动室（高中部一楼）

-扫码加入我们~

博雅学校2020年秋季学期第四期家长读书沙龙活动

为孩子读一本书

同读书籍：《这样爱你刚刚好，我的一年级孩子》
活动时间：2020年11月26日（周四）晚上7:00-9:00
活动地点：博雅学校英语活动室（高中部一楼）

-邀请您加入我们~

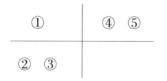

①　④　⑤

②　③

学习中让自己成为一个合格的家长

三年级（3）班　胡茗理家长

尊敬的老师们、家长朋友们：

　　大家晚上好！

　　我是三年级（3）班胡茗理同学的家长，很荣幸能参加学校组织的读书会活动。当看到班主任老师在班级群里发出参加这次活动的家长名额只有7个的消息的时候，我第一时间报名，因为我知道这个机会来之不易，很开心可以同大家一起探讨育儿经。现在与大家分享我阅读了《这样爱你刚刚好，我的三年级孩子》这本书后的感受。

　　到学校拿了书后，我便静下心认真阅读起来。因为儿子正好读三年级，看了这本书，我一定会受益匪浅。看了几页后，我便不由自主地查看本书的作者，原来这是"悦读新教育"实验发起人朱永新先生携其他一些教育专家编著的一套丛书，意在指导为人父母者学会"智慧爱、科学爱"。书中明晰的行文脉络，深入浅出的理论解释，代入感极强的小事例，画龙点睛的小贴士，让人不自觉地投入其中，一页接一页读下去。通览此书，我对"爱你刚刚好"的尺度把握得虽还没有达到"智慧"兼"科学"的境界，但懂得了宠而不溺、严而不厉的道理，也算得上开卷有益了。

　　品读着专家给出的科学的教育方法，我不禁忆起儿子的成长过程，然后将每一个细节对号入座，有让我捶胸顿足的遗憾，也有让我得意难忘的欣喜。

如何才能做一个合格的家长？我很多次这样问自己，只是这次有了底气和方向，少了些许焦虑和茫然。一个合格的家长应该会学习。孩子是上天赐予父母的礼物，他没有自带成长的说明书，而"父母"作为每个人一生中最重要的角色，也是没有任何资格认证的。

生儿易，育儿难，这个道理人人都懂。初为人母的我也毫无育儿的知识和经验，却要硬着头皮担任孩子的第一任老师，只能抱着"育儿百科"恶补一番。儿子出生前后，家里的书架上多了几本好口碑的育儿书籍。但是，令人羞愧的是，这些书籍最后成了摆设，我要么随手翻翻，粗略浏览，要么收藏待阅。直至今天，读了《这样爱你刚刚好，我的三年级孩子》，方觉亡羊补牢，为时已晚。孩子成长的每一个阶段，都有着不同的心理特点和教育秘诀。可见，父母对家庭教育方法的学习，并不是一蹴而就的，而是要与时俱进的。

通看这本书，我明白了爱的表达有科学的方式。"善于表扬与奖励，适时批评与惩罚"这一章，详细地介绍了什么时间夸孩子和批评孩子，以什么样的方式去夸孩子和批评孩子，倡导"自然惩罚是首选"，认为要少用逻辑结果去惩罚孩子，而多用自然结果去帮助孩子。当事情发生之后，多和孩子一起想办法："发生了，确实很可惜，很难过！现在有什么办法呢？"协助孩子在找到方法的过程中，学会承担后果，学会改善的方法，通过一件一件事情的累积推动孩子的成长。

这本书告诉我，父母对孩子的爱是伟大的、无私的，同时这种爱的能力需要树立正确的观念，需要不断地学习、不断地自我完善。10岁左右孩子的交际重心已经由家庭转移到了学校，同学之间的关系和友谊将成为影响孩子精神的重要因素。对孩子情绪的理解和认同，以及允许孩子自由表达悲伤和软弱，是父母给予孩子最大的爱，这是构成孩子心理安全感的重要基石。面对科技产品占用孩子的时间、精力为我们带来的困扰，这本书的"做关注科技的现代父母"一章告诉我们，应正确地认识科技产品，"带孩子一起探讨科技新事物"，这给我们提供了正确的理念、正确的方法。我们的孩子终将走上社会，这本书将"诚信""有教养""劳动"，以及如何看待"分数"四个主题独立成章，让我们父母做有诚信、有教养的榜样，让我们客观看待一个人的全面发展，更让我们不断完善，不断修行，不断提高。

　　作为父母，我们需要学习的东西还真不少，《这样爱你刚刚好，我的三年级孩子》给我们指明了方向，指导我们在学习中成为一个合格的家长。

孩子的成长是我们家的事

育子心得

三年级（4）班　赵佳宁家长

当我准备迎接家庭第一个小生命到来的那一刻，我就立志要当一个优秀的妈妈。但随着孩子的长大，特别是孩子进入小学以后，我和他的亲子关系在"好好学习，天天向上"的氛围中越走越远。因为无论做什么事，只要他没有按照我的意思做，我就会用很严厉的口吻训斥他，让他听我的。曾经我们家里每天都是我的唠叨声和他的哀怨声，我总是对他说："这都是为你好！"这种不和谐的家庭氛围一直持续到他上小学二年级。当我发现逛街时孩子不再主动牵我的手，受伤时不再和我拥抱时，我才意识到我和他的亲子关系在日积月累的抱怨声中早已出现裂痕。原来，我对孩子的要求和期许，基本没有从他的角度考虑，我认为的"为你好"只不过是将我的主观意识强加给孩子，因为我想让他成为我心目中理想的孩子，而不是孩子心目中理想的自己。

于是我开始反思我对孩子的教育方式，下面我就这几年的育子经验作以下几点分享。

一、爱是相对的，爱是沟通，爱是感同身受。

以前我总对孩子说，"这样不可以！""那样不行！"使他在一次次希望中失望。自从我和孩子建立良好的沟通后，我用关爱的语言感化他，比如当他看电视时间过长时，我会说："我知道这部电影的故事情节特别精彩，你非常想看，但是现在已经10点了，该睡觉了，我们可以留着明天再看。"当他考得不好，胆怯得不好意思说时，我会说："不管分数，我们先看看错在哪儿，一起解决这些问题。"孩子欣然接受，当我开始站在他的角度考虑问题时，我付出关爱，孩子用他的一点点进步给我加倍的回报。说话是一门艺术，带着思想感情为他人着想的话听起来舒服，所以才会得到更好的交流和回应。

二、陪孩子一起"疯"，是家长和孩子之间跨越鸿沟的有效教育方法。

和孩子建立良好的亲子关系，首先要成为孩子的朋友。大人也应该保持一颗童真的心，陪孩子玩游戏、过家家、到野外探险等，走进孩子的世界，给孩子足够的陪伴，欣赏孩子不切实际、天马行空的想象。

三、家庭教育的关键是言传身教。

孩子就像是我们的一面镜子，大人的一言一行很大程度上决定着孩子将来成为什么样的人。做父母的都想要给孩子全世界最好的东西，小到牙膏，大到奶粉，孩子还没出生就买来育儿的书籍研究怎样科学育儿。我也曾是这样的妈妈，给孩子准备的玩具从奥特曼、超级飞侠到迷你特工队，哪个新潮换哪个，但孩子多半玩两天就没了兴趣。这时候我发现，他喜欢玩我的手机，甚至还自学了打游戏。我才意识到，我陪他做作业的时候，总是一边帮他听写词语，一边玩手机，孩子自然也对手机产生了兴趣。此后我在陪他做作业时手里拿着书籍，晚上睡觉前孩子也慢慢喜欢翻看书籍再入睡。父母是孩子的第一个老师，言传身教既用言语来教导，又用行动来示范，这是改变孩子行为习惯最简单的方式。

四、为孩子选择一所好的学校，也能影响家长的育儿观。

关于孩子择校，一些和我相熟的家长不解地问："你孩子成绩不差，学校也是重点小学，为什么还坚持给他转学呢？"因为我发

现为了提高教学质量，原来学校的音乐课、美术课经常被其他课程占据，学生作业量大，为了完成作业，孩子空余玩耍的时间很少。这种机械式的训练在短时间内能达到预期的效果，但从长远看不利于孩子身心健康发展。所以在孩子上三年级第二学期时，我毅然决定给孩子转学。我考察了几所学校，最终选择了博雅，孩子通过自身努力转学到了这里就读。开学时班主任对我讲的一句话让我记忆犹新，他说："小学阶段，成绩不是最重要的，培养孩子良好的兴趣和学习习惯才是关键。"孩子每周五回家后都会告诉我他在学校里发生的趣事，我也在聊天中知道了他在学校的情况：老师经常表扬他上课认真听讲，他有了上课记笔记的习惯，班级还轮流让他们当小班主任、当小老师上台讲题，经常开展课外活动，等等。学校注重孩子德智体美劳全面发展，真正做到了教育均衡发展，让学生在愉悦的环境中学习和成长，这样的教学方式让孩子吸收的知识更牢固，思维也更加活跃。我开始反思我自己：每当我翻看孩子的作业本，他做得好的时候，我总是齐

129

啬赞美，没有给予他鼓励；当孩子想伸手干活的时候，我总是包办所有，不给他动手操作的机会。现在来到博雅学校之后，我的孩子因受到老师的夸奖有了自信，遇问题时学会了独立解决问题，孩子对我说："妈妈，我喜爱这所学校，我会好好学习的。"他学习，也从之前的被动变为主动，我这时才恍然大悟：我以前一味地要求他学习，不注重学习的方式方法，他自然越学越枯燥乏味。这所学校注重劳逸结合，不是一味地读死书，而注重培养学生的阅读、记笔记等良好的学习习惯，从侧面培养孩子的学习兴趣，孩子愿意学，成绩自然也会得到提升。听着孩子每周回来给我讲述学校里发生的事，我也转变了对孩子的教育观念，无论做什么，都先以培养孩子的兴趣为主。

　　家长要不断探索、反思和修正自己的教育理念，进而传达给孩子正确的人生观、价值观。我想为了孩子的健康成长，只有社会、学校、家庭协同共育，才能使孩子走得更远。

| 家长读书沙龙布置 |

与孩子一起成长才是家庭教育最美丽的风景

三年级（5）班　刘伦豪妈妈

尊敬的各位老师、各位家长：

大家晚上好！

我是三年级（5）班刘伦豪的妈妈，今天很高兴站在这里与大家共同交流孩子的读书情况，作为家长的我一直非常赞同老师们的观点。

就拿我孩子来说吧，因为我跟孩子的爸爸都比较忙，没有时间照看孩子，觉得把孩子放在学校交给老师后就是老师的事了。刚开始，孩子一二年级的时候表现得很优秀，每次都考得很好，我觉得孩子的成绩不用我操心了。直到三年级，我发现孩子变化很大，成绩下降，还不爱去学校，每次让他去学校都要跟他说很多的好话，这样使得我很累，后来我问他："你怎么不爱去学校？"他跟我说："妈妈，你知道我为什么不想去学校吗？你们只知道挣钱，挣这么多钱干吗？"我说："挣钱不是为了你吗？"他说："我的童年都没有了，你们只知道工作，都没有时间陪伴我！"我听到这些话，心里酸酸的。孩子长大了，懂事了。真的，我给孩子的陪伴太少了，那我要怎样陪伴和教育孩子呢？正好孩子带回家一本书——《这样爱你刚刚好，我的三年级孩子》，说是老师叫爸妈看的，让看下里面是怎样教育孩子的。我打开书翻看，看到很多教家长教育孩子的例子。其中有一篇写着："分数不是衡量孩子的唯一标尺。"我想我之前的做法都是错误的，我每次要求孩子考试都要在班上前三名，星期六、星期天都要求他学

131

习这个，学习那个，生怕自己的孩子比别的孩子差，这可能也是每个家长的想法、做法。这篇文章里面写道，孩子考试得了 100 分，最高兴的不是孩子自己，而是我们父母，父母感到无比自豪，走到哪里心情都好，做什么都觉得底气足；而孩子一旦考了 90 分，父母就觉得脸上无光；孩子若考了 90 分以下，父母就会脸红心慌，生怕别人问起孩子的成绩。在这些情况下孩子的分数成为父母之间互相比较和炫耀的东西，父母似乎想用孩子的优秀来证明自己的能耐，拿孩子的分数来撑面子……这本书还有好多好多这样的例子，让我受益匪浅。

感谢博雅学校推荐的这本好书，其实家庭教育不只是简单的教育孩子，更是父母的自我教育。没有父母的成长，永远不可能有孩子的成长，与孩子一起成长才是家庭教育最美丽的风景，才是父母最美好的人生姿态！抚养孩子并不仅仅是父母的任务，也是父母精神生命第二次发育的最佳时机。

我的演讲完毕，谢谢大家！

| 升旗仪式 |

用尊重贯穿我的育子之路

四年级（1）班　陈晨家长

　　说来惭愧，关于育儿自觉没有什么经验可谈，初为人父母，都还是摸索着前进，只是我作为3个孩子的妈妈，在培养孩子的策略上不得不慎重一些，珍惜孩子的每一个成长环节，因为稍有不慎便会伤害到孩子们的自尊心或者给他们带来一些伤害。

　　在我看来，父母对待孩子可以引导但是不能领导，可以放手但是不能放纵，可以宠爱但是不能溺爱。这个度是很难把握的，但同时也是每位父母都需要去面对的。所以对于我家的这几个孩子，我和他们的父亲在教育上，尊重大于控制，更注重健康幸福而不是成绩。比如课外班的学习，我从来不会强迫我家孩子去学习他们不感兴趣的内容，他们想学什么，我就尽可能为他们提供机会。在对待学习成绩的问题上，我只需要去培养他们对待任何问题永远有一颗好奇心，并且有独立思考的能力，成绩好坏，我真的不在意。我始终相信成绩只反映孩子的一小部分，只要孩子对学习抱有认真的态度，那我从来不会因为成绩而责怪他们。就像有句话说的一样：孩子，我要求你读书用功，不是因为我要你跟别人比成绩，而是因为，我希望你将来会拥有选择的权利，选择有意义、有时间的工作，而不是被迫谋生。当你的工作在你心中有意义，你就有成就感；当你的工作给你时间，不剥夺你的生活，你就有尊严。成就感和尊严，给你快乐。正因为如此，我希望他们读书时是感到快乐的，在他们的学习上，我从不过多干涉，只需

133

要让他们明白，学习不是为我学的，而是他们自己的事情。只有这样，他们才会从被动学习变为主动学习。

　　作为父母，我认为我和孩子是共同成长的。父母不一定全是对的，很多时候可能会把自己的意愿强加在孩子身上，我在教育孩子的过程中，会更加注意避免这个问题。在发生争执的时候，我会认真倾听孩子的想法，如果确实是我做错了，我会和孩子们道歉。言传身教往往是最有效的教育。在家里，我会有意识地让孩子们参与日常劳动，目的是培养他们的动手能力。同时我认为在不同的年龄阶段，对待孩子的教育方式要不同，在这个阶段，我自己是以鼓励为主，批评为辅。孩子在现在这个年纪，需要更多来自父母的鼓励，让他们树立信心，找到学习的动力。小学阶段是建立常规、培养良好学习习惯的最关键时期，所以在周末的时候，我会督促他们先把学习任务完成，然后再带他们去玩耍，接触大自然。玩耍的时候，我是不会过多干涉他们的。我的目的就是让他们明白学习和玩耍是不冲突的，让他们明白管理时间的重要性，合理安排时间。

　　最后，我认为教无定法，每个孩子都有各自的特点，在不同问题上教育方法也应当不同。但是唯一不变的是尊重和接纳，了解孩子内心的想法，尊重孩子的意见，接纳他们的不足。

教育孩子这件事

学生家长庞飞

　　孩子是祖国的花朵，是国家的栋梁。毛泽东曾经在莫斯科给留学生们讲道："世界是你们的，也是我们的，但是归根结底是你们的。你们青年人朝气蓬勃，正在兴旺时期，好像早晨八九点钟的太阳。希望寄托在你们身上。"由此看出，孩子的健康成长与教育是至关重要的。作为家长，我们是孩子的启蒙老师，那么我们要怎样去引导和教育孩子呢？以下是我教育孩子的一点体会，和大家分享。

　　首先是要和孩子建立朋友关系，只有把孩子当成朋友，孩子才能够在生活中、思想上与家长进行良好的沟通，这样家长才能够知道孩子心里真实的想法，更好地了解孩子的学习和生活情况，才能在她有需要时及时地给予帮助。

　　我的孩子现已九岁多了，在她学说话、走路时，我就和她约定了一些规则，比如得到别人的帮助后，要说谢谢；见到所有认识的人，都要热情地打招呼……于是我每天下班回来时，第一件事就是抱抱她、亲亲她、赞美她几句，随后她就会给我倒杯水、拿鞋，做类似的一些力所能及的事。每当她为我做一件事时，我都会对她说："宝贝，谢谢你，你真棒！"她乐滋滋的，很开心。我们在一起总会有说不完的话题，自然而然也就成了好朋友。

　　其次是分享与尊重。常言说"有付出才有收获"，要得到别人的分享和尊重，就得先学会分享和尊重别人。孩子小的时候，我们就要教会她懂得分享与尊重。当她有好吃的，要分享给爸爸妈妈、小朋友或客人，有好玩的玩具要乐于和其他小朋友一起玩。懂得尊重老师、长辈，知道尊老爱幼，乐于助人，有爱心。

不难看到，我们身边有很多溺爱孩子的家长，他们对孩子千依百顺，恨不得把天上的星星和月亮都摘下来给他。最后这些孩子大多变得自私，不尊重爸爸妈妈，丝毫不懂得感恩。所以，分享与尊重对孩子的成长也尤为重要，不容忽视。

再次，就是自信的培养，也可称为"欣赏教育"。诚然，欣赏孩子是培养孩子自信的最佳手段，但是培养孩子的自信往往也是一个漫长的过程。在生活中，我们可以时不时给她一些表扬，哪怕是一个欣赏的眼神，一个加油点赞的手势，一句适当的赞扬，也许对她都是一种无形的力量。唯有自信才能使孩子勇敢地去面对困难，让她在困难中找到答案，在生活中找到乐趣。

望子成龙，望女成凤，这是天下所有父母的心愿，但如果对孩子的期望过高，也许会成为孩子的负担。所以我们不能让孩子为了父母过高的希望而活着。但根据孩子的兴趣和爱好让她自由发展，不等于放任逐流。唯有正确引导孩子，方能让孩子在以后的生活中获得能力与拥有自信。

总之，对我们家长来说，教育孩子是我们一生中最伟大的投资项目。现在的孩子都很聪明，不同的孩子有不同的性格，而不同的性格就要用不同的教育方式。往往很多家长对教育孩子这事儿感到头疼，有的是因为物质条件过好，大多数是因为自己的思维跟不上孩子的心理。总而言之，教育孩子的过程是复杂而漫长的过程。

最后，不管怎样，我们家长都要真诚地感谢帮助孩子们获得知识、快乐成长的老师们。祖国的园丁们，你们辛苦啦！有你们的辛苦付出，祖国的花朵才能开得更鲜，更艳，更光彩夺目！

｜黃昏中的校園｜

感受生命的成长

五年级（1）班　张周祥瑞家长

在物欲横流的今天，时代在发展，科技在进步，但父母与子女的关系越来越紧张。社会上因父母教育欠缺导致子女前途受阻的事例不胜枚举。

因为工作关系，我们夫妻与儿子聚少离多，但也因儿子对阅读的喜爱有了爱动笔的好习惯。闲暇之余我们会与儿子一起通过"书信"的方式展开亲子互动对话，通过"主题写作"实现反思性表达，促进亲子之间的平等沟通，实现生命有意义的成长。

品德高尚，为人正直者，无论何时，居于何地，都会"浩然正气贯长虹，浑身生辉竞明月"。所以，一个人的顺利成长、正确发展，必须以品德教育为本。只有品德高尚，方能茁壮成长！这是在我们拜读《傅雷家书》之后，收获的教育理念。我们如能在孩子成长过程中，一直重视对孩子高尚品德的培养，那么孩子就能形成正确的"三观"，在成长路上少走弯路。只要尽力了，哪怕孩子的学习成绩不理想，其他方面也不会差到哪里去。因为高尚的道德、健全的人格是一个人立足于社会的不败基石。由此而产生的人格魅力，总能吸引着越来越多的追随者帮你实现梦想！

基于这样的教育理念，傅雷的教育方法与内容更值得我们借鉴。书信来往中孩子可以用简单的话语与我们分享学校发生的趣事，大到参加活动获奖的兴高采烈，小到老师夸奖的怡然自乐。我们也会引导他学会独立，学会坚强，学会谦逊，学会面对挫折时勇往直前，学会在收获成功时戒骄戒躁，学会做一个有责任心的人，学会做一个对社会有用的人。

我们很幸福也很幸运有这样一个可爱懂事、明理的好孩子，不会抱怨我们父母因为工作原因，不能常伴他身边。我们格外珍惜与他相处的点点时光，一有空，我就会找出书本，与孩子一起读书。儿子也因此非常喜爱阅读，他说通过阅读《十万个为什么》等书籍，他知道了自己的渺小，世界的深邃与神奇。另外，我们平时对他单纯地说教可能作用并不是很大，但通过阅读绘本和日常的生活经历等，他明白了有些事情是不能做的。此外我们也会在陪伴阅读前，提前掌握部分普通话的发音，这样和儿子对话时能够随时纠正他在说话时的不标准发音。平时我们在家也注意用普通话和他对话。

作为家长，我们应该多拿出点时间陪孩子玩，与孩子有更多的言语交流。也许是望子成龙的心太过于迫切，我们会把他和其他更优秀的孩子作比较，在无形之中伤了他的自尊心。这是我们要多反思和改进的，以后我们会像尊重成年人一样尊重孩子，通过关爱、聆听、赞赏、支持，以及真诚对待，帮助孩子喜欢自我、欣赏自我、建立积极的自我形象。此后，儿子经常会把学校里看到的、学到的东西和我们分享，比如教我们学习他在学校学来的小游戏，或者告诉我今天哪个小朋友没来上课。

我们也一直在告诫自己，要像朋友一样对待孩子，给孩子自由和相对属于孩子的空间。平时我们会和孩子一起打扫，一起参与家里的大事决断，让他成为自主的小大人。多倾听一下孩子的意见，这能潜移默化地培养他的社会参与感。例如"今天周末，我们去哪里玩啊？""今天我们一起吃什么啊？"用这种口吻跟孩子说话是孩子比较容易接受的，家长式的威严很难跟孩子建立亲密感。

最后，我们也是第一次做父母，感恩儿子选择我们的同时，也得记住他也是第一次做孩子，多以爱为基底，多陪伴多鼓励。每一个孩子都是闪闪发光的小太阳，作为父母的我们谢谢他给了我们一次陪伴他生命成长的机会，孩子在成长，我们做父母的也在成长！

| 班级活动 |

爱相随

——我和孩子共成长

五年级（3）班　叶陈瑾家长

　　作为父亲，不知不觉中孩子已经上小学五年级了，回想那个小小的人儿在自个儿怀里一颦一笑、一喜一怒的样子，仿佛就是昨天。那并不悄然的成长，仿佛是一瞬间的时空演变，我的记忆似乎还在昨天。虽然中间的过程充满着每一刻茁壮成长的变化，但潜意识里还是不敢相信，孩子真的就要毕业了。转眼看看孩子趴在写字台上认真写作业的样子，回过头来想想她入学的这几年，我跟着她有着多少这样那样的开心、无奈、自豪、彷徨……曾经看到一篇文章里面有这样几句话："后天教育比天赋更加重要。""没有什么是不可能的，每个孩子都是天才，就看你在他身上能付出多大的精力！"当时看到这些话时，我觉得作者有些夸大了。但是在我有了孩子之后，却深刻地体会到了这句话的真正含义。

　　第一次参加她的家长会的情景历历在目，印在脑海中的就是孩子班主任的一番话："小学阶段阅读比孩子的成绩更重要，关于读书，好处就太多了，可以增长见识，陶冶性情，使人的情感更加细腻，气度更加不凡。"说实话，我不是一个爱读书的人，听了老师的一番话，我就立马带孩子去书城买回一大堆书，有关于历史的、地理的，还有故事书……傲然认字较多，读书兴趣也很广泛。对于她来说，多读书就等于把生活中平常的时光转换成了快乐的时刻，有时一看书坐半个小时是常有的事。这样又在无形中培养了孩子坐得住，静得下心的好习惯。所以我非常感谢孩子的老师，没有她家长会上的一番话，可能孩子的读书兴趣就不能激发出来。我已经意识到，作为父母，我们真的应该拿出更多的精力陪孩子一起快乐成长，甚至跟孩子一起学习，体会读书的乐趣。比如傲然特别喜欢看《不一样的卡梅拉》，在家里总是跟我谈起书中的人物，可我没读过，对书中的内容一知半解。这次，为了维护我在闺女心目中的知识丰富的家长形象，我认认真真地读了这套书。结果，我的确被书中的故事吸引住了，可以和孩子进行交流了。类似这样的学习，我最大的收获是能和孩子一起交流、探讨阅读体会，了解她的感受，与她一起体味阅读所带来的无穷乐趣。只要傲然感兴趣，我还会和她一起在花盆里种些植物，来观察植物由种子发芽到开花结果的全过程。看到她每天高高兴兴地上学，回家开心地和我分享她在学校发生的事，我真的是甜到心里。

懂得回报，拥有一颗感恩的心，也是孩子上学后最大的一个变化。在她和班里的同学一起观看完《亲爱的》电影后，她回家和我讲这个故事的时候眼睛一直红红的，我发现这是一个好机会，能让她了解到父母对她的爱与照顾她的辛苦。我就从她出生一直讲到她上学，抬起头看她时，孩子满眼泪水，用胖胖的小手抱紧了我的脖子，声音哽咽地说："爸爸，谢谢你！"我也很感动地抱着她。这件事让孩子感受到，能为所爱的人付出是幸福的。上个周末晚上，我在沙发上睡着了，懂事的孩子竟然知道给我搭上一条毯子，自己洗漱完毕静静地睡觉了。孩子学习再好，如果没有一颗感恩老师、感恩父母、感恩一切帮助过自己的人的心，那么这个人将一事无成。"感恩"并不是单纯狭义的"滴水之恩，涌泉相报"，而是一种情操，一种善于发现美并欣赏美的品质、情操。我们教育孩子要拥有一颗"感恩"的心，善于发现事物的美好，感受平凡中的美丽，我们也会以坦荡的心境、开阔的胸怀来应对生活中的甜酸苦辣。

就如孩子的老师所说，家长是孩子的朋友，是玩伴儿，是孩子健康、茁壮成长的后盾。我们的一举一动耳濡目染着孩子，会对他们产生潜移默化的影响，在无形中影响着孩子人格品德与基本素质的塑造，所以，家长首先要内心阳光。如果不能很好地给予孩子，也不要轻易地剥夺孩子内心留存的那些纯真和美好。我们班群里有许多让我佩服的家长，他们自己拥有得不多，却还不忘在单纯与简朴中，和孩子一起感受生活的喜悦与纯真，用心培养孩子健康的性格、良好的学习态度和生活习惯。我也在努力做一个民主的家长，遇到事情能心平气和地和孩子探讨，讲究方式方法，尊重孩子、欣赏孩子。

最后我要对我的孩子说：爸爸不知道以后会不会把你培养成一位才华横溢的人，爸爸也不知道你在以后的学习道路上会碰到怎样的艰难和险苦，但爸爸知道你一定会是一个阳光、快乐、善良、知道感恩的好孩子。爸爸虽然没有强健的臂膀，但加上老师、姥爷、姥姥、爷爷、奶奶……所有爱你的人的臂膀，那将是一个坚强而有力的臂膀，就让这个臂膀帮你走向更远的路吧！

家 长 篇

静待花开会有时

五年级（4）班　石翔屹妈妈

　　少年时期的孩子正如天地中生机勃勃、含苞欲放的花朵，他们充满希望，他们尽显期盼，他们承载美好。我相信，每个父母都如我一般，渴望自己的孩子可以健康成长，如蓝天上翱翔的老鹰，自由自在、开心快乐地飞往那个有助于他成才的殿堂。我们的孩子目前处于小学阶段，处于这个阶段的孩子有自己的想法，有自己的主见，在某些方面的见解可能和我们家长大相径庭。如果家长处理不好和孩子之间的问题，很可能会使亲子关系恶化，甚至影响整个家庭的和睦。因此，如何教育孩子、引导孩子是一个值得我们深思与探究的问题。家长的教育方式和对孩子的态度，会直接影响孩子的性格。因此，我认为可以从以下几个方面来教育孩子。

　　首先，学会和孩子沟通。我们多倾听孩子的诉说，让他们表达出自己的想法，可以拉近与孩子的距离。在日常生活中，我们也都有这样的体验——两个本来并非特别亲密的人在一次"零距离"的谈心后，却成为莫逆之交。因此，如果我们希望与孩子的关系更融洽、更亲密，希望家庭气氛更和谐、更温馨，就应当想方设法让孩子向我们倾诉。我们作为家长，作为孩子的第一任引路人，要学会多给孩子倾诉的机会，聆听他们内心的声音，这对孩子的心理健康等各方面都有着非常重要的作用。就我个人来说，我很喜欢周五亲自接孩子回家，因为一见面我的两个孩子就会滔滔不绝地向我诉说这一周在学校发生的事情，我认为这就是一份简单的快乐，我很享受这个过程。当孩子向我们倾诉时，我们应用眼睛注视着孩子，微笑着静静地、全神贯注地听孩子说话，这不仅让孩子感受到我们对他的尊重，也能为父母与孩子的沟通营造一个良好的氛围。我们作为倾听者给予孩子的关注、尊重和时间，是对孩子最有效的帮助。另外，在倾听的时候，我认为我们应该像一个大容量的瓶子，对孩子所说的东西不妨先全盘接受，不急着用自己的想法加以批驳，可以等他说完后，再让他自己评判自己的说法是否合理、正确。

其次，多鼓励孩子。也许，我们作为成年人，作为父母，在日常生活中会受到各种各样的压力。但是，我们也要想想，孩子们是否也遭受着压力呢？这种压力可能是因为作业太多、同学不友好、父母不理解等。如果这种压力找不到地方发泄出来，孩子可能因此变得冷漠孤僻、自我封闭，对人与人的感情充满不信任，也可能因此走向偏激、叛逆，对未来不抱希望。倘若我们可以站在孩子的角度去想问题，发现问题，并鼓励他去解决问题，而不只是盯着他的学习成绩和分数，这将是一件尽善尽美的事情。在孩子因为粗心写错字时，说一句"再认真、踏实些，你必定能收到累累的硕果"；当孩子羞怯、不敢参加集体活动时，我们尽量抽出时间陪孩子一起参与一些亲子活动；当孩子犯懒、不想写作业时，道一声"你的进步很大，希望你可以更上一层楼，突破以往的自己，妈妈相信你可以！"父母的鼓励在孩子的人生道路上举足轻重，也许不经意的一句鼓励就是孩子航行的风帆，让他有勇气乘风破浪，更加自信地驶向梦想的彼岸。

最后，多陪伴孩子。"陪伴"是一个很温暖的词，它意味着在这个世界上有人愿意把最美好的东西给你，那就是时间。当然，陪伴也是一个很平常的词，日复一日，年复一年，到最后陪伴就成了一种习惯。虽然说陪伴是最长情的告白，但"陪着"并不等于"陪伴"。即使我们有足够的时间陪伴孩子，但如果缺乏有效的沟通，会造成精神上的失陪，具体表现为亲情淡漠、缺乏信任、难以沟通。我相信这种情况是我们任何一位家长都不愿意看到的。那我们应该如何有效地陪伴孩子呢？例如，陪孩子写作业时，主要任务是为孩子营造一个良好的学习环境和氛围，与孩子共同分享学习成果，提高孩子的兴趣，帮助和引导孩子正确地思考和解决问题，而不是代替孩子思考或者代替孩子做作业。这是许多家长最容易犯的过错，让孩子形成了强烈的依赖心理，无法形成独立思考、自觉学习的好习惯。当孩子不会做题目时，家长不应该去做，而应该帮助孩子寻找解决问题的思路和方法，要"授之以渔"，而不是"授之以鱼"。陪伴孩子的方式多种多样，例如，我们可以带孩子去图书馆，让孩子感受文化的氛围；我们可以带孩子去运动，让孩子强健体魄；我们还可以与孩子一起 DIY、做手工、做蛋糕等，提高孩子的动手能力；我们还可以与孩子去种树、种花，让孩子感受自然与生命的奥妙……其实，很多孩子并不喜欢玩手机，只是家长没有陪伴孩子，他只能拿手机玩。但愿我们每位父母都能有效地陪伴孩子，让孩子在欢快的时光中成长。

教育孩子是一个综合的、长期的、系统的过程，正如培育一株花，需要慢慢浇灌，慢慢等待。在轮回的四季中，希望每个孩子都可以如《愿你慢慢长大》一文中所说的"愿你有好运气，如果没有，愿你在不幸中学会慈悲。愿你被很多人爱，如果没有，愿你在寂寞中学会宽容"。

生活处处皆教育，只要用心将教育融入生活的点点滴滴，相信如花的孩子们一定可以在阳光下尽情绽放，散发芬芳！

和孩子一起成长

五年级（4）班　王睿家长

　　其实，与其说分享自己的育儿心得，不如说是我的孩子让我意识到了自己身上的很多问题。孩子就像我的镜子，通过教育自己的孩子，我不断地完善自己。我和孩子教学相长。

　　我把孩子送到博雅读书，真觉得自己是在当逃兵啊！因为当初我就是把自己的孩子当问题孩子来看待的。孩子四年级的时候，一开始写作业就缩到桌子底下去扯自己的头发，那时候，我总觉得是学校作业太多害的。那时候的他，脾气暴躁，几乎天天发脾气；那时候的他，敏感多疑，他告诉我，在课堂上他觉得老师的眼睛一直在偷偷瞄他，他无法安心上课。当时的我真要崩溃了，我不知道怎么解决这些问题，就选择给孩子换个新的环境，将他送到了博雅。但是我发现换了个地方，孩子的问题并没有得到解决。

　　从那时起我就在想，问题到底出自哪里。没多久，我就找到了问题：问题来自家庭，来自我们做父母的。

　　于是，我就走上了一条学习的道路，通过孩子我看到了自身的问题给孩子造成的影响。

　　我做的第一件事，就是跟孩子道歉。我告诉孩子，我很爱他，但是我也很无知，一直都在用错误的方法对待他，以后我会努力改变，用真正适合他的方式对待他。

　　慢慢地，在孩子的成长教育中，我学会了很多，改变了很多。我

147

学会了闭嘴。以前一点小事我就给孩子讲一大堆大道理，喋喋不休地训斥他，却从来都不关心他心里的真实想法。我还学会了倾听。无论发生什么事，我都愿意停下手中的活，凑到孩子身边听听孩子的想法，寻找他行为背后真正的原因是什么。我发现孩子慢慢地静下来，慢下来。我学会了理解。现在我能站在孩子的立场去处理孩子的麻烦事。换位思考，什么时候都需要啊！我学会了沟通。我知道用真正有效的沟通方式和孩子交流，而不是碰到问题就指责、批评、说教。批评的沟通就是暴力沟通，结果只能激化矛盾，让亲子关系走向对抗。

我既学会了如何对待孩子，还学会了管理情绪，纠正自己的言行。我学会了放手，我告诉孩子，我很爱他，但是我不能代替他解决他的事情，我不能替他生活。

我慢慢地成长，孩子身上那些所谓的问题也在慢慢淡化，我们的相处越来越融洽，亲子关系也越来越好。孩子和我说过，他是我的试验品，因为我所有糟糕的方法都用在了他的身上。对此，我真的很内疚！但是，谢谢你，我的孩子！正是因为有你，妈妈才有机会成长起来，也成为一个合格的母亲而并非生理意义的母亲。

最后我想说：儿子，未来的日子，妈妈还是要跟着你不断成长，我们一起加油！

| 博雅学子为妈妈画像 |

智慧爱、重方法，培育中国梦好少年

五年级（5）班　张泽坤爸爸

家长篇

　　我们家孩子给人的感觉是那种让人放心，还时不时给人以喜悦的乖小孩。目前，孩子在班上成绩较好，任班长并兼任 2 科课代表，爱好广泛，喜欢科技、钢琴、棋类、看书、画画、武术等，从 5 岁开始一直梦想当科学家。孩子生活独立，学习主动自觉，端正懂事，人际关系和谐融洽，梦想正向坚定。虽然，现在还看不出将来一定成才，但我想只要培养孩子拥有博学、坚强、自律、积极的品格，将来他就会是对社会有益的人。

　　孩子的良好表现，得益于博雅学校科学、良好的教育，同时也是我们家坚定"培养好孩子是父母最大的事业"的理念的结果。陪伴和培养孩子既是父母的责任和义务，又是一种情感的依恋，一种幸福，一种成长，一种天伦之乐，甚至是一种治愈。我作为孩子父亲，对培养孩子这一块一直是挺重视的，在平时陪伴孩子成长的实践中，注重总结、思考和改进。我深深地感到原生家庭对孩子成长的重要性，始终坚信：孩子的知识学习方面，学校教育的作用大于家庭教育，而孩子的人格、习惯养成方面，家庭的影响大于学校，所以说，孩子的茁壮成长，既离不开学校的良好教育，更少不了原生家庭的积极熏陶影响。

　　现在，我就来说说：孩子成长——我们家的二三事，和所有的父母交流分享。

　　加强培养科学意识，铺垫人生好底色。对孩子科学精神的培养，要贯穿在日常生活中。人是从哪里来的，地球是怎么样的，地球在太阳系、银河系、宇宙中的情况，中国的高铁技术、5G技术、神舟系列飞船等问题我都会带他探讨，多次带他到贵州科技馆学习参观，还带他到平塘天眼进行体验学习。关于鬼怪方面，我也会用科学的思维方式引导他探讨，使他不迷信一些未知的东西。有了科学意识，现在他不管是到一个陌生的地方，遇到黑暗，还是一个人睡觉，都比较独立而理性，不会胡思乱想、感到恐惧。对于一些自然现象、社会风俗等，他总会以科学的理念去看待，为树立正确的人生观、世界观奠定了基础。

　　珍惜家校联合，共育孩子发展。有位哲人说过，没有爱，就没有教育。学校老师和父母都带着一份爱，进行家校联合，协同共育，应当会收获孩子成长的更多喜悦。上个学期，博雅学校推荐五年级家长读《这样爱你刚刚好，我的五年级孩子》这本书时，我想这是家校联合教育的好机会，我很珍惜这次机会，认真对待，好好看了这本书，有幸被学校推荐为班级家长代表发言。分享发言中，我一是从教育理念层面肯定了这本书蕴含了先进、科学的教育理念，把完善孩子人格和创造幸福人生作为教育的核心；二是从教育方法层面表达了自己对本书提供的情景式管教方法有较大的共鸣，我非常认同书的代序中所提到的"智慧爱""刚刚好的爱"，有了这样的爱，再使用科学的教育方法，就能收获良好的教育效果；三是列举分享了一些培育孩子成长的案例；四是谈了看这本书的主要收获。这本书让我对这个年龄段小孩的培养爱护有了更深、更系统的认识，更坚定了坚持用智慧爱和好方法来培育孩子的决心。与孩子共同成长，坚持不懈地为孩子做榜样，孩子定会茁壮成长、开花结果。这次交流分享，促进了家校协同共育。事后我也把这一分享活动情况告诉了孩子，他也感受到了学校和家庭对他们的共同关注和关心，感觉也增强了他学习的责任感。

多给予信任和鼓励，激发孩子的内在动力。对待孩子，我们作为父母要履行好管束的责任，但在平时的生活中，多给他们一些理解和关心、信任和鼓励是很重要的。我们家不成文的规定是：孩子想要做的事，只要不是有害的都支持；孩子力所能及的事，只要他有空都让他自己做，并学会自己承担后果；孩子喜欢的，多鼓励他尝试。比如我们家坤儿爱好科技和手工之类的，从小家里就给他买一些积木玩具、图书、手工资料，让他发挥所长。去年我还特地给他购买了一些五年级科学实验套装，他兴致勃勃地动手做了很多科学试验，既增强了科学意识，又提高了动手能力。而且有时他做出的实验结果，让家人都感到吃惊。我们的即时鼓励，也提高了他的自信力。信任孩子这方面，我说一下上学期的一件事情。上个学期，每当星期五我去学校接孩子，我就会充分利用在回家路上交流的机会，饶有兴趣地听他分享在学校一周的学习、生活情况，进而增进对孩子的理解和互动，了解孩子的成长、进步，以及他遇到的困难和问题，适时鼓励表扬，或疏导，或提供帮助。有一次，在车上谈到数学学习测验时，他说他考了97分，全班第一名。我说挺棒的，顺势和他开玩笑说，你知道爸爸喜欢吃鸡蛋面条，你哪天考个1筒面、2个鸡蛋送给爸爸呗！他呵呵笑着说："以后有机会的。"这个事情我就当个玩笑过去了。几个星期后，期末统考结束了，我对他说忙碌了一个学期，难得可以放松，开开心心玩几天了。过了好几天了，考试成绩还没出来，我也没问，也没有跟他谈期末考试成绩的事。一天，他突然问我："爸爸，你急不急着知道我的考试成绩，我都想早点知道哟。"我淡淡地说："不急。"他不解地问："你不关心我的考试结果吗？"我说："关心的呀，但我知道你在学校学习挺努力，综合表现也挺好的，这就够了呀。我相信你的成绩不会差，再说，就算这次没考好，也没什么。"他舒心地笑笑。后来，成绩出来了，期末三县一市统考，他数学考了100分，其他科成绩都有较大的进步，考出了他应有的水平。他跑过来自豪地对我说："爸爸，现在我送1筒面和2个鸡蛋给你作新年礼物啦。"我会心地笑了，说："谢谢，坤儿。"这个事例让我再次感到给孩子多些鼓励和信任，会激发他的内在动力，成就更好的他。

多陪伴和玩乐，塑造良好品格。出自父爱的本能，我很喜欢带孩子玩，并很享受这一过程。可以说，只要一有时间，我就带孩子各种玩，一起游泳、爬山、做好事、做手工、种花草、做晚餐、修脚踏车、放风筝、准备生日礼物、现场观看大型体育赛事、关注讨论社会热点等，这些事，我常和孩子一起做，而且大多是在孩子5岁时就开始一起做了。除此之外，我们还一起打球，下各种棋，玩红蓝对战游戏等，不胜枚举。周末我除了提醒他完成作业之外，几乎都要与他一起花时间玩点什么。在大量的玩耍和陪伴中，孩子拓宽了视野，陶冶了情操，提高了技能，适应了社会规则，深化了父子亲情。同时这也是教学相长、与孩子一起成长的过程。孩子不经意的一些举动，会让我感觉无比的欣慰和幸福。在这里，我与大家分享一个多陪伴、爱孩子所收获的一个温暖事例。上个学期，一个周末的晚上，将要到晚十点的时候，我还在看书。孩子上床准备睡觉时，随口说："爸爸，我先给你暖下被窝吧（虽然我知道平时孩子挺懂事和理解人的，但是那一刻他这自然真切的举动，让我挺感动的）。"我随即回应他："坤儿，你要学《弟子规》中的'冬则温、夏则清'吗？让爸挺感动的。"孩子随口回道："还好吧。"我接着回应道："爸爸现在还年轻，不用了。"事后，我感叹：这一切都那么自然真切！有多深的父子亲情积淀，才能流淌出这样的自然真切呀！我把这一事例发到微信朋友圈，收到了近百人的点赞和积极评价（包括一些很少在微信朋友圈随意露面的领导、精英人士等）。这个事例让我明白父母多陪孩子一起玩乐，能更好地促进亲子关系，促进良好品格的形成。

　　当然不同的孩子教育方式也应不同，但我相信核心的教育理念、科学的方法是相通的，父母榜样的作用是巨大的。最后，以一句"与孩子共成长，创造美好人生，永远在路上"与大家共勉。

| 课间活动 |

《这样爱你刚刚好，我的六年级孩子》

阅读分享

六年级（5）班　袁金涵妈妈

尊敬的各位老师、各位家长朋友，亲爱的同学们：

大家晚上好！

我是六年级（5）班袁金涵的妈妈，在今天这样一个特殊的场合，我特别荣幸能作为家长代表在此发言，分享我阅读《这样爱你刚刚好，我的六年级孩子》这本书之后的几点感悟。不到之处，请老师们、家长们、同学们不吝赐教。

"孩子是上天赐予我们的礼物，但他没有自带说明书。"虽然我们都曾是孩子，也曾像我们的孩子一样希望我们的父母给我们足够的关心和爱护、理解与包容，虽然感同身受过，但当我们面对孩子时，仍然不能够应对自如。如同一千个人眼中就有一千个哈姆雷特，这大概是所有家长都会遇到的问题。

近日非常有幸在学校和老师的推荐下，拜读了由教育家朱永新、孙云晓、刘秀英主编的《这样爱你刚刚好，我的六年级孩子》这本书。全书共十章五十四小节，涵盖了父母与孩子之间沟通和相处时可能出现的方方面面的问题，从中确实能收获不少的妙招和感悟，值得家长们阅读和分享。

阅读此书，我谈三点感悟。

首先，我非常赞同书中的观点——父母的教育素养，直接影响甚至决定着孩子的发展。在教育中，家庭是孩子的成长之源，父母的成长是孩子成长的前提，家庭教育不只是简单的教育孩子，更是父母的自我教育。俗话说："龙生龙，凤生凤，老鼠的孩子会打洞。"这句俗语不是简单粗暴地指向人的家境或指父母的社会地位，其中蕴含的真理才更值得人们深思——即便出生寒门，若能通过不断的自我完善和发展，就是人中龙凤，孩子也会以你为榜样，成为一个自律、自信、实干的人。

其次，我非常欣赏的也是我一直主张的观点——让孩子做时间的主人。诚然，孩子是一个具有独立意识的人，有自主性，有无穷尽的想象和潜能，同时，在这个时期，也是最容易纠正错误习惯的时期。书中提到，要让孩子学会做计划，一方面培养孩子管理和控制时间的能力，一方面让孩子养成制订计划的习惯，有计划有方向地推进每天的任务和作业，同时，也能为父母节省大量的时间和精力，还很大程度上避免了父母与孩子之间因沟通引起的摩擦。

最后，父母要了解尊重孩子，不要成为孩子身边的陌生人。六年级的孩子正值青春期，叛逆、自傲、目空一切是他们最为显眼的标签，但同时也开始变得自我封闭，不愿与老师和长辈沟通。这个时候我们要担任的角色不再是父母，而是他的朋友，要耐心询问孩子的真实感受，循序渐进引导他，或者用其他方法让他从当时的情绪中抽离出来，当他心情愉悦时再去回顾那件事情，或许就能茅塞顿开、豁然开朗了。

现在的孩子都是父母手心里的宝，我们应该给他们足够的爱，但不是溺爱。我们应该与老师携手，将家庭教育与学校教育相结合，做孩子的良师益友、荣辱与共、严慈相济，为孩子树立良好榜样，成为孩子信任和尊重的人。

成长是孩子的修行，教育孩子是父母的修行，道路漫长而险阻，

家长篇

155

唯有"反省、总结、实施"的循环往复，才能与孩子共同进步。

最后，我要特别感谢六年级全体老师，很庆幸孩子能在你们的陪伴和培育下度过关键的六年级，你们辛苦了。同时，由衷地祝愿老师们前程似锦，桃李满天下；祝愿孩子们快乐成长，学业有成。

| 趣味运动会 |

和儿子一起成长

——孩子的事，是我们家的事

七年级（6）班　徐楸埜妈妈

　　每个孩子在成长的过程中，都离不开父母的引导，每个父母也在教育孩子的过程中不断成长。每个孩子就像夜空中的星星，都是独一无二的，我希望和儿子一起成长，成为一个健康、善良、真实、快乐的人！

　　拥有健康。健康是1，其他的都是0，没有了1，就没有了一切。身体健康很重要。儿子从小就胖乎乎的，为了让他意识到运动的重要性，保持身体健康，我鼓励他练跆拳道、骑自行车、打羽毛球，有时还让他陪我练瑜伽。周末我经常带他外出郊游，让他接触大自然，远离手机的伤害。在博雅就读后，儿子一下子长高了，身材也变匀称了，这让我非常开心！我想这一定是得益于学校每天营养均衡的食品，规律的学习、运动和生活。心理健康更重要。我经常和儿子聊天，了解他在学习、生活中遇到的各种问题，及时疏导他的不良想法，我也从不给他太多的学习压力，只希望他尽力而为。我也会给儿子分享我在工作、生活中遇到的各种事情。我坚持练瑜伽已经有十余年了，它不仅让我获得了健康，更重要的是让我学会了保持平和的心态，我用这种心态工作和生活，也把这种心态传递给儿子，在彼此交流中我们都拥有了知足常乐的健康心态。

　　拥有善良。"人之初，性本善"，我们都要做一个善良的人。三

157

国时期，蜀汉开国皇帝刘备在遗诏中嘱咐儿子刘禅"勿以恶小而为之，勿以善小而不为"。平时在和儿子聊天时我经常告诉他，人要善良，吃亏是福，要和善良的人交往，不要拒绝做好的小事，好的小事做多了，一直坚持做下去，就能成为一个高尚的人。

拥有真诚。真实的标准是不说假话。康德说一个人所说的必须真实，但是他没有义务把所有的真实都说出来。因此真实的办法很简单，就是你觉得这个真实是不可以说的，你就不说，然后假话你也不说，剩下的全都是真话，这就是真实。我会从自己做起，让孩子学着做一个明事理的人，让他懂得诚实守信，不要欺骗别人，更不要伤害别人，做一个坦诚的人，做一个诚信的人，做一个积极向上、充满正能量的人。

拥有快乐。我会和儿子平等、友好地相处和沟通，让儿子懂得与人和睦相处。有时候，我会和儿子谈谈家里的人和事，谈谈学校里发生的故事，谈谈电视节目中的人物和故事情节，无意中也在培养孩子乐观的性格。我再学着从儿子的角度看待问题，对儿子好的表现及时给予肯定和表扬，使儿子逐渐建立起自信，体会到成功的喜悦，慢慢学会欣赏自己，为自己的出色表现感到快乐。在孩子受到挫折时，我会让他知道任何困难都会有一线转机，前途总是光明的，并教孩子注意调整心理状态，使他恢复快乐的心情。平时不管工作有多忙，我都要抽出时间来陪陪儿子，让他感受到爱。

我和孩子一起在成长的路上前行，一起在成长的路上努力，因为我们相信健康、善良、真诚和快乐就在我们身边！

孩子，我该拿你怎么办

七年级（8）班　张梓涵爸爸

家长篇

我是一名建筑工程师，常年的流动作业让我愧对孩子。孩子上初中了，我发现她长大了，能够用自己稚嫩的思维与我交流。

那是一个夏日的夜晚，我刚好出差回家休息两天。趁着这个机会，我可以有说有笑地陪伴孩子。

我们吃完晚饭，孩子边玩 iPad 边做未完成的作业。这期间，我不断地提醒她快点做完作业，这样就可以尽情地玩耍，免得两头误。可能长期未能陪伴在她身边的缘故，孩子有些执拗，根本不把我的话放在心上，半天的作业非得磨到晚上才写完。我有些生气了，一次一次的劝导失败让我越来越懊恼，当然最后免不了一顿大发雷霆。见到我咆哮的面目，孩子顿时傻傻地，不知所措。造成现在这样的情形，我不禁满心愧疚。我很少发脾气，孩子也是知道的。所以，她可以经常对我提无理的要求，而我也基本都满足。相反，在她妈妈的面前，孩子总是表现得唯唯诺诺。我很担心孩子将来做事没有主见，所以偶尔也鼓励她按自己的意愿去做事情。没想到，这一次，我竟然栽在自己亲手酿造的苦果上。

空气一度变得凝固，我沉寂了片刻。孩子小时候那种天真无邪、无忧无虑的快乐，以及她那清澈的"爸爸"喊声顿时充满了我的脑海。我怎么了？我怎么能这样对待我的孩子？她才 12 岁！

为了缓和这种极其尴尬、极不正常的氛围，为了不再伤害我的孩子，我不得不换成妥协的语气："唉，我该拿你怎么办？"孩子不再玩她的 iPad 了，而是默默无语地写着她的作业。细细一看，孩子眼里竟然噙着泪花，她不再与我有说有笑了。

晚上 10 点，孩子终于做完作业。她不再欢呼雀跃，而是再次默默无语地收拾完就去睡觉了。现在换作我不知所措了。妻子还没有回来，我在客厅里来回踱步。妻子曾经跟我抱怨过，孩子青春期了，不好管教，让我多与孩子沟通。孩子，我该拿你怎么办？

晚上 11 点了，孩子房间的灯没有熄灭。她背对着外侧，被子盖着头，身体蜷缩着，我估计她并没有睡着。我轻轻地来到床边坐下，故意整理好她的被子。我发现，孩子泪流满面，她哭了。很显然，我刚才的发怒已经深深地伤害了她。

"孩子，爸爸向你道歉。爸爸不应该那样大声斥责你，对不起。"我轻轻抚摸着孩子的头，轻声诚恳地说道。

"呜……"孩子哭出了声。

"好了，别委屈，爸爸给你讲讲爸爸小时候的故事。"

孩子停住了哭声，转过身来看着我。她知道，我不会继续发脾气了。

"上初中的时候，爸爸非常希望拥有一台收音机，其实就是想听歌。于是我骗你奶奶说是学英语用。因为我知道，如果说听歌她是肯定不会答应的。但是，只要是学习用，你奶奶可能会满足我。"我很得意地说着。

"我知道，奶奶总是舍不得。"孩子跟奶奶生活了十年，有些习惯孩子是看在眼里的。

"不是的，那个时候收音机很贵，而我们家又很穷，收音机对于我们这样的家庭来说简直就是奢侈品。"

"我才不相信！"

"我拥有收音机是上高中的时候。那时候，我考上了县重点高中，

学校经常组织大家晚自习听英语。为了不影响他人，收音机是学校改制的，没有喇叭，只能用耳机，价格优惠，自愿购买。回来后我就跟你奶奶说了，她半信半疑，还找到村里一位老师打听。当确认是事实后，你奶奶拿出用手帕包了好几层的 50 元零钱，什么也没说就交给了我。最后，我拥有了一台收音机。那时，我内心也十分复杂。因为，我后来才知道，我的母亲动用了家里买化肥的钱，因为化肥没买成，母亲就每天挑粪土为庄稼施肥。"

"那台收音机呢？"孩子打断了我的思维。

"这么多年了，当然早已坏掉了。但是，自从有了收音机后，我却没有好好练习英语听力，因为我发现，我们当时学的全部是应付考试用的英语，就是死记硬背。也是从那以后，我暗暗发誓，必须考上大学！这也是爸爸对你的期望。"

"爸爸，我以后想当律师。我听我的同学说律师很挣钱，我想挣

161

更多的钱！"孩子一副自豪的样子。

"律师是文科，需要扎实的语文作为基础，还要博览群书，正所谓'天上一半，地上全知'，以你现在的状态，怕是很难。当然，你首先得考上好的高中才行呀！"我趁机又数落了一下她。

"爸爸，我会努力的！"孩子若有所思，向我坚定地说着。

此时，我突然发现，孩子并没有错，错的是作为父母的我们平时疏忽了与孩子的有效沟通，忽视了孩子的成长过程。在我的印象里，孩子长高了，不再与我撒娇，不再与我倾诉，就是长大了。其实不然，孩子的成长，应该是良好思维习惯的逐渐养成，能与父母、老师、同学良好地交流，能有良好的社会关系和人际交往能力，这不正是我们教育的宗旨吗？

让孩子就读清镇博雅试验学校，是我和妻子共同考察并确定的，孩子也很喜欢这所学校。"实悟为格，实践为诚"，我的孩子在这所学校里锻炼了她的胆量和口才，能当着几十、上百人的面在讲台上大声演讲，也是令我十分感动的事情。感谢学校，感谢辛勤付出的老师们。

我们一起在爱中成长

八年级（2）班　学生家长

苍鹰展翅于空中，才能领悟天空的广阔；溪流流入大海，才能体会大海的胸怀；小草生长于泥土，才能明白生命的真谛；我们读懂孩子，才能给予他温暖的关爱。

读了《这样爱你刚刚好，我的八年级孩子》这本书后，我知道了如何去爱孩子及如何爱得刚刚好。

孩子是张白纸，我们对待生活的态度、对人对事的做法以及价值观和信仰，都会投射到他的身上。我们的行为、话语无时无刻不在影响着我们的孩子。比较而言，我们的行为远比话语更有影响力，孩子从小到大不断地模仿和学习，因为在他的心中父母就是榜样，就是他的天。我们发现了孩子的缺点或不足之处，首先应反观自己、提升和改变自己，然后再和孩子交流，指出不足，并通过自己的提升和改变激励孩子，成为孩子积极的榜样。

孩子更是一粒种子，来自天堂的独一无二的种子，带着自己独特的命运，来到这个世界。他不是我们的附属品，他是独立存在的一个人。我们是他的父母，不是他的主人，应该陪他努力成长，给予他无条件的爱，帮助他面对并成功地处理遇见的问题，激发内在的力量。而不是保护他们免受生活的挑战，替他们解决问题，让孩子成长得过于顺利；或者漠不关心，不提供合适的支持，让孩子成长得过于艰难。

给予孩子无条件的爱，是我们的义务，而不是权利，不能把爱当

163

成奖励，当成筹码。随着孩子的长大，他拥有了自己的思维和价值观，我们只有与其成为朋友才能走入他的内心深处。朝夕相处，父母就是孩子最亲近的人，在这个形成自我统一性的关键时期，只有成为朋友，他才会更愿意和你倾诉成长中遇到的问题和困惑，才会认真地倾听我们的建议和指导，只有这样，我们才能帮助孩子成长。

我以前也是个很强势的妈妈，教育方式简单粗暴，导致孩子在小学四年级时就出现了逆反行为，当时他的学习成绩一落千丈，上课不听讲，回家不认真做作业；谎话连篇，嘴里说出来的话不知究竟哪句是真哪句是假。当时发现他这个状态我就懵了，心想我好好的一个乖宝宝怎么突然就这样了？我想不通，打他，骂他，批评他，但是没有任何效果。如果当时遇到博雅，我那段时间就不会那么迷茫了，我当时上百度搜、上书店查找原因，读了十多本书，做了几十页笔记后，终于找到了原因：他来到贵阳读书，住在重组家庭里，对家庭成员比较陌生，加之换了新学校、新班级和新同学，学校和家庭两大环境同时改变，一时间无法适应，产生了严重的不安全感。

如果当时我的孩子在博雅，我能及时地看到现在我手上拿的这类书籍，也不会几个月才处理好这件事，或许在这件事没发生前我就已经纠正我自己的错误行为习惯了，所以在这里谢谢博雅给予孩子的心理、生理和学习上的全方位培养、教育和关爱。现在我的孩子就很爱与我谈心，从日常琐碎、学校点滴到天马行空的胡思乱想，都会与我分享，就像老朋友一样聊得无所顾忌，因为他知道，我爱他，我无条件地爱着他。以后我会继续努力和他一起成长，不止爱他，还要爱得刚刚好！

沟通和鼓励，让孩子走得更远

八年级（5）班　李佳金妈妈

　　孩子是上天赐予父母最珍贵的"礼物"，我们应该怎样去爱护和欣赏这件"礼物"呢？作为家长的我们有几个能用正确的方式和方法去和孩子相处呢？大部分家长可能认为把孩子保护好，让她吃饱穿暖，衣食无忧，尽可能地满足她们的所需所求，就是一个比较合格的父母了。但她们的所需所求有可能只是你的一厢情愿，你真正了解孩子需要什么吗？

　　随着孩子不断成长，她们的所需所求也发生了变化，在她们是幼儿的时候，她们需要的就是吃饱穿暖身体好；到了小学阶段，就是如何端正自己的学习态度，培养兴趣爱好，辨别对与错；到初中阶段最重要的就是正确对待她们的心理变化，然而作为家长的我们以"都是为你好"为出发点，一成不变。这样父母和孩子就会产生各种分歧与矛盾，这时就需要家长自我反思一下，不能一意孤行地绑架孩子的一切，就需要家长耐心地去了解孩子，耐心地与孩子沟通，打开孩子心灵的那扇窗。永远不要认为我们父母都是对的，孩子都是错的。父母不是"圣人"，况且"圣人"也会犯错。有时候父母难免态度强硬、情绪冲动、言语过激，甚至误解孩子、迁怒孩子，这些行为可能会对孩子造成心理伤害。唯有真诚地道歉，才能赢得孩子的尊重，修复孩子的心理创伤。

　　在这儿我要跟大家分享一下我的亲身经历，就在前段时间，我给孩子报了两门网课。孩子从初一下学期就开始上课，一直都很认真，但从进入初二以后就开始分心了，考试也不理想，下滑十多个名次。我意识到不对劲了，就参考了各种资料，初二的孩子生理和心理都会产生变化，我不能当着她的面去指责她，万一我误会她，孩子会对我产生排斥的情绪。于是，有一天她从学校回家后，开始上网课，我就坐在一旁和她一起学习。她意识到我在监视她，很不高兴，我就跟她说了缘由，孩子大发情绪。我当时比较冷静，就跟孩子坦诚沟通：你想要的父母是什么样子的？父母应该怎样做才算是一个合格的父母，你都可以说出你的意见，然后又告诉她我们家长心里的孩子又是怎样的。最后我与孩子的心结完全化解了，现在她上网课也恢复了之前的认真，每次回家，都会跟我分享学校里发生的各种各样的趣事，现在想想要是当时没有坦诚沟通，可能就不会有这样美好的结果。

八年级的孩子正是青春期，将经历第二次生长发育高峰，其生理发育和心理发育急剧变化，这一过程充满成熟与幼稚、独立意向和生活经验不足的矛盾性，孩子自我意识显著增强，学习上出现明显的分化，情感态度和性格特征也发生重大变化，在这关键期，我们扮演好家长的角色，是至关重要的。

可能大部分家长会把孩子的学习成绩放在第一位。但我认为这是不对的，我们要学会以"智慧爱"的理念去关心她们的心理和思想的变化，让她们学会树立她们自己的人生观、价值观、世界观和情感观，让她们编织属于她们自己的梦想。作为家长，我们需陪伴与支持，让她们朝着梦想的方向前行。在这个过程中孩子会遭遇挫折和失败，我们要陪伴孩子，允许孩子表达和发泄情绪，帮助孩子分析造成失败的原因，支持和不断鼓励孩子，最终使孩子到达梦想的地方。

育子心得

八年级（6）班　孟楠婷妈妈

　　子女的教育是人们生活中的头等大事，家庭教育在孩子的成长中又是举足轻重的，如今许多家长都在自觉学习家庭教育的知识和方法，探讨孩子的学习和成长规律。我作为一名学生的家长，现在也想来谈谈自己的育子心得。

　　我十分重视孩子的思想品德教育。我要求我的孩子做个有责任心、有爱心、诚实的人。学生并不只是学习冒尖即可，还要独立自主，具有团队精神等。所以除了让孩子在学校里能尽其所能地做好老师的小助手外，平时生活中的点滴小事我都让孩子自己做主。

　　以前的我因为工作较忙，在孩子的学习上采用了粗暴的手段，她学习不好我就打她，没有在自己的身上找原因。我甚至把在工作上我对员工的管理方式用在孩子身上，只看结果，过程是什么，从来不管。我没有用心去想她只是个孩子，导致我的孩子看到我基本上都是能躲则躲，交流很少，成绩从班上的前一二名变成倒数。

　　在2021年春季开学前的一周，由于之前我和她沟通方式不恰当，在女儿极其抵触的情况下，我还是软磨硬泡地和她长谈了一夜。女儿现在和我基本上无话不说，对此，我感到欣慰。所以我个人觉得做父母的要放下高高在上的姿态，学会平等地与孩子交流，静下心来倾听孩子要诉说的一切，哪怕此时你再忙、再累，也要专心致志地倾听。现在每周孩子从学校回来，我都会和孩子沟通：在学校有什么搞笑的事吗？上课时你对自己的表现满意吗？这周你又学了哪些新知识？每当我这样问女儿的时候，她总是十分兴奋地向我汇报一切。当她说出自己对某件事情的看法时，我也会尊重她的意见，与她商量着办，给她足够的耐心和信任，我认为这对培养孩子的品格十分重要。我们做家长的，只有尊重孩子的人格、意愿和情感，言传身教，才能潜移默化地影响和感染孩子。

在学习上我采用紧与松结合的方法。紧即学习习惯要养好，我要求她每周回家先做完作业，做作业时要思想集中、保质保量；松即给予她求知上的充分自由。孩子每周做完作业后，我不会额外布置题目，而是让她看她喜欢的课外读物，让她到书店看书，偶尔让她玩玩电脑。节假日只要条件允许就带她出去走走、看看，从各方面来扩大孩子的视野。生活和书本的知识相结合后，她更加热爱学习了。

平日里我对孩子的身体健康也比较关注。因孩子身高较其他同学稍矮些，我总是督促她爸陪伴她去跑步、跳绳、打羽毛球等，也经常提醒她在学校里要用心参加各项体育运动。这样不仅仅锻炼了身体，也培养了孩子乐观向上的性格。

现在孩子在慢慢改变，我深感欣慰。作为家长，在这里我浅谈了一些自己的育子心得，期望我能与老师们继续探讨，努力帮助孩子健康快乐成长！

孩子的成长是父母的一场修行

八年级（8）班　卢恒宇妈妈

　　孩子的成长是我们家的事。作为母亲，孩子的成长，是我最关注的事。我的孩子卢恒宇是一个不断成长起来的孩子。

　　记得儿子刚上小学时，家里也有过"不写作业母慈子孝，一写作业鸡飞狗跳"的局面，一晃儿子今年上初中二年级了，这14年与他相处的点点滴滴，一幕幕地浮现在我眼前。

　　"孩子的成长是父母的一场修行"，这句话说得真好！做父母，谁也不是天生就会做。和天下的母亲一样，我从十月怀胎，就计划着如何做一个合格的母亲。看着那个软软的小不点儿，我想抱却不敢抱，生怕伤到他，对他既爱又怕啊。

　　我的儿子卢恒宇是一个坚强的孩子。从小，我就培养儿子要学会坚强。记得儿子刚上小学三年级的时候，一天下午去接他放学，我刚到学校门口，他看到我就哭了起来，我还训斥他："一个男子汉哭什么？"他哭诉着说："我的手在体育课上摔伤了，痛。"我看也没什么外伤，还以为他矫情，还拿着他的手臂大幅度地左甩甩右甩甩地看，以为没什么，可在甩的过程中发现他痛得更厉害了，于是便带他去了医院检查。经过医生检查发现他左臂骨折了，我顿时被吓哭了。我刚刚训斥他，误解他，认为他矫情，现在想想都后悔死了。可儿子看到我被吓哭了，还安慰我："妈，没事的，医生说绑上绷带就行了！"这句话让我突然感到儿子长大了，懂事了，坚强了。在此之后，更让

169

我欣慰的是他没有因为左臂受伤向学校请过一天假，没有耽误学习。之后也没有因为什么生病感冒，向学校请假，都坚持上学。那时小小的他是那么坚强，因此还被学校评为"勇气之星"。和儿子在街上散步，我看到他顺手捡起路边的纸屑，跑着把纸屑扔到垃圾桶里。作为母亲，看到儿子不仅有坚强的品质，还有良好的习惯，我感到很欣慰。

我的儿子卢恒宇是一个性格内向的孩子。他不管是受委屈还是取得优秀成绩，从不爱表现自己，上课也不主动举手发言。我问他为什么不积极，他总是说"自己会就行"。从小学到初中，老师的评语总有这样一句"要是上课你主动发言就更加优秀了"。为这我也很困惑、担心。我对他说："孩子，不管在什么时候都要主动与人交流、沟通、分享，这样你才会变得越来越优秀。这个社会是优胜劣汰的社会，只有优秀的人才不会被社会淘汰，才不会处处碰壁；只有优秀的人，才能更好地服务社会，才会逐步走向成功，才会为自己创造美好的未来！"听了我的话，他点点头，表示要试着改变自己！现在，他比原来有进步了会主动与老师交流，主动与同学交流，课堂上也会主动回答问题了，成绩也进步了、稳定了，上学期期末考试和本学期第一次月考，他的成绩都排在班级前五名。当然，作为母亲，我希望他越来越好！

培养孩子的过程，其实也是做父母的自我塑造和完善的过程，我庆幸能有这样的过程。孩子的成长，是我们家的事，也是我最关注的事。

给女儿的一封信

八年级（9）班　成宇凡爸爸

亲爱的女儿：

爸爸不知道如何在现实中与你谈论关于成长的事，所以我把想说的话都写了出来，你慢慢看，慢慢学。

健康、知识和心态，是人生长河中的璀璨明珠，而把这些明珠串联起来的，是成长。

成长，简单点来讲，就是今天比昨天好一点，然后明天再比今天好一点。具体来说，成长就是身体不断强壮、知识不断积累、心态不断修正的过程。当你老了之后回头看你的一生，成长便是你的人生轨迹，它的线条、速度决定了你这一生的命运。

健康就是吃饭、睡觉和快乐。吃饭看似很简单，但要克服欲望吃科学搭配的食物则不简单，这需要知识和自律。一个人要持之以恒地做到"睡八个小时的觉，保持心情愉悦，每天用半个小时沉思和冥想，从而清理思想上和身体上的垃圾，并且适当运动"，没有那么简单。

知识是人生的中轴线，这是一个人真正能够赖以"傲视群雄"的资本，是一切有质量人生的基础。制订一个终身学习计划，尽早建立人生蓝图的大框架，且越早越好。具体而言：年少时读什么书，20~30 岁读什么书，30~40 岁读什么书，40~50 岁读什么书，50~60岁读什么书，60 岁以后读什么书，这是按部就班地读书，除了这种读法，还可以超值超量地全部读完那些有价值的书，这就更了不起了。

171

你读什么样的书，你就思考什么样的问题；你思考什么样的问题，你就做什么样的事；你做什么样的事，你就过什么样的人生；你过什么样的人生，你就拥有什么样的心情。这完全是一个轮回，可以是恶性循环，也可以是良性循环，关键看你怎么开始。当然，凡事都会有意

| 家长读书沙龙合影 |

外情况，运气有时候会光顾某个人，但那是少数。聪明人只做高效率的事，尽量去打有把握的"仗"。

假如心态仅仅是指好心情，那就不值得讨论了，因为，苦痛是人生必要的组成部分。我理解的心态是正义、自信和乐观，一个充满正义感的人，即使不对社会做出贡献，也不会对社会做出破坏。但一个没有正义感的人，即便他身居要职、十分富有，权力和财富也只会赋予他更大的破坏力。只有充满正义感的人，才会产生正能量，才会结出自信的花，开出乐观的果。内心真正强大和富足，人生才会有价值，

才会成为一个对社会有意义的人。

　　无论怎样活，金无足赤，人无完人，仅追求完美的结果是虚妄的，只有每天进步一小点，日积月累，不断地成长，才是最真实的人生写照。无论岁月如何变化，我愿与你一同前行，一起变得优秀。

　　　　　　　　　　　　　　　　　　　　爱你的爸爸

家
长
篇

让你成为你自己

高二（2）班　彭依琦家长

从你呱呱坠地，我就在脑海里设想你长大以后的模样。你将来一定会乖巧听话，学习优异，是个人见人夸的好孩子。然而，世事总不会顺利地朝着我们的期望发展。

每一次的单元检测你都没有名列前茅，永远只是平稳的中等名次。看着别人家的孩子拿着 100 分的试卷，我不免有些失落。期末考试年级总分前五名，你也榜上无名，我心里总不是滋味儿。中考状元、高考状元又花落谁了？我心里更是羡慕万分。哎，孩子，我真希望你能成为那个"别人家的孩子"。

女孩子应有的恬静和文雅跟你一点儿也不沾边。你在妈妈肚子里时，就已是个好动的假小子。当别的孩子还需要父母扶着单车手把手教授时，你不需我们讲解要领就已经学会了。学习跆拳道的苦与累你从没有在我们面前抱怨过，初学你就得到了教练的赏识，每一次的切磋练习，你都被安排到了男子组。你说是因为女孩子太娇弱，怕她们"挂彩"。噢，我理想中的小公主原来是个"女汉子"。

时间过得好快，你已步入中学，随之而来的是让人伤透脑筋的青春叛逆期。你不再与妈妈分享自己的事情了，你有了自己的小秘密。咱们母女俩总会因为各自不同的意见而发生争吵，家里成了没有硝烟的战场。妈妈几度心寒，有时甚至想对你撒手不管。而你对妈妈的敌视也在不断升级。就在这谁也不愿先低头的僵局之下，你听到了我骑车摔倒的消息，第一个冲到我面前，用颤抖的声音问道："妈，你没事吧？"哦，孩子，你的这句话胜过千言万语，让我欣喜万分。

我开始反思自己，我要做一个与你一同成长的好家长。

你的暴脾气我也有责任。每一个孩子生下来就是一张白纸。《三字经》有云："人之初，性本善。性相近，习相远。"在你3~6岁该立规矩的时期，我只顾自己的情绪，为你想得太少。如果能够重来，我真想效仿"孟母三迁"。哦，孩子，我愿用行动来感染你，让我们一起努力，好吗？

你的聪明需要我们的正确引导。你无法选择自己的出生，但你可以选择自己的人生。你早熟的心理，让你深谙人性的虚伪，但我们要知世故而不世故。在学习上，你难以摘得桂冠，但妈妈相信，你的另一扇窗正悄悄开启，聪明的你会在某一个领域取得成功。哦，孩子，长成大树需要修剪旁枝，让我们携手共进，好吗？

你的懂事让我们欣慰。从小丰衣足食的你不知道拮据为何物。剪

| 陪伴 |

一次头发，要开上两个小时的车请店长为你设计。家里所有的人看到适合你的衣物，想都不想就会给你买下。每一天的零花钱多到你可以随意拿给需要的同学。我在默默为你担心，娇生惯养的你会成为一个"巨婴"吗？可我发现是我想多了，目前家里的光景大不如以前，你没有无理取闹，更没有无视父母的感受乱花一分钱。哦，孩子，你高冷的外表下有一颗温暖的心。

我爱你，孩子。我曾经想把最好的给你，却发现你就是最好的。

我爱你，孩子。我会用心里的灯为你照亮前方的路，让你不会迷失在黑暗里。

我爱你，孩子。我要让你做你自己，而不是别人的复制品。

我爱你，孩子。愿你成为你自己，像雄鹰一般展翅高飞！

写给18岁的儿子

高三（1）班　吴定玹妈妈

一凡儿：

18年前的今天，你来到了我们的生命里，第一次做父母的我们欣喜若狂。产床上疼得昏昏沉沉的我因为护士"生了个男孩"的报喜声瞬间乐开了花。于是我郑重地警告你爹：将来要敢欺负我的话，我的儿子可是会挺身而出，打得你遍地找牙，到时候可别向我们求饶啊。想想就觉得好美！结果呢，18年的时间过去了，爸爸妈妈都没有给一凡儿展现小小男子汉的机会！

爸爸妈妈创业初期，有太多忙碌的日子，没有给你过多的关注和照料，悄悄地你就这样长大。没给我们淘过气，也没让我们操过心，包括剑拔弩张的青春期和性格怪异的叛逆期，妈妈都还没感受到呢，你就已经18岁了，成年了，我的孩子！

时常欣喜地打量着你，一米八二的大个头，时而含蓄内敛，时而幽默风趣，内心阳光又充满爱心。妈妈越看越欢喜，感谢上天送我这么一个美丽的礼物！

回首往事，虽然对你疏于照料，但是我和爸爸一直努力给你营造温馨和美满幸福的家庭氛围，希望我的孩子们在浓浓爱意的滋养下成长，长大后立足于这个社会，能够多点善良，多点真诚，再多点博爱就更完美！

希望一切都能如愿以偿。再过几个月，你就要加入高考大军了，

177

说实话，妈妈心里根本没底，满怀期望又忐忑不安，却又不敢把这种情绪传染给你，怕影响了你的发挥，只能故作轻松地说："没事，凡儿，一场考试而已！妈妈相信你会有出彩的表现！"

其实吧，我更想说的是：爸妈用四十多年的时间去努力，去拼搏，都没能做成"别人家的父母"，我又怎么敢苛求你用 18 年的时间轻而易举地做成"别人家的孩子"？

奋发图强是一个艰难的过程，我们耐心等待美丽的结果。

18 年的相处，我们还是多一些欣赏，多一些鼓励吧。

最后祝我的一凡儿 18 岁生日快乐，学业有成，前程似锦。

爱你的妈妈

2021 年 3 月 30 日

教师篇

03

来，我们一起读书吧

李宏宇

18：50 的博雅校园，华灯初上，孩子们在享受了傍晚愉快的自由活动后，正有条不紊地做着晚自习的准备。校园里一片生机。

德辅苑一隅，英语活动室的灯早已点亮，整齐的桌椅，雅致的淡蓝格子桌布，精致的点心和新鲜的时令水果，还有精心挑选搭配的鲜花——紫色薰衣草。万事俱备，发展中心的领导们和老师们面带微笑，从容等待。

这已经是本学期举办的第八场家长读书沙龙了。

准备工作大家已驾轻就熟。今晚，受邀到学校一起读书的是八年级的家长代表，大家要一起分享的，依然是学校送给每个家长的那本书——《这样爱你刚刚好，我的八年级孩子》。开学初，学校就为全校的 3200 个家长量身选择了一本亲子教育工具书《这样爱你刚刚好，我的 N 年级孩子》，为了鼓励和督促家长们认真阅读，就有了家长读书沙龙这样一种分享形式。除了读书，沙龙上，老师们和家长们还会一起就本年级孩子的一些共性问题或突出问题展开讨论，共同寻找良策。

18：55，家长陆续抵达，他们自觉将手机静音并陈放在门口的吧台上，落座。每一桌都安排了班主任，家长和班主任难得见面，可以短暂寒暄。这个晚上，我们只是书友。

19：00，读书沙龙准时开始。主持人依然是发展中心的杨华老师。

181

杨老师是省级乡村名师，虔诚的阅读推广人。原本在省内一所知名的示范性高中执教，因推广阅读与博雅结缘后，遂毅然携妻带子加入博雅。博雅的阅读课给杨老师提供了最好的舞台。在博雅教小学，在博雅推广深度阅读，杨老师如鱼得水。

开场白，杨老师最爱打一个比方：如果把教育比作一条河，家庭无疑是上游，学校在中游，而社会是下游。若要河水清澈，源远流长，必须正本清源。孩子的教育，必须家校携手。杨老师的普通话不算标准，带有明显的家乡口音，但他声音浑厚铿锵，情感真挚深沉。三言两语，就能把家长带入庄严而宁静的读书氛围中。

一场沙龙，家长人数在40人左右，他们来自不同的班级，有着不同的文化背景，他们中的许多人"自从离开学校就没有完整读过一本书"（家长语）。为了让大家迅速消除隔膜，进入状态，开场之后通常有一个轻松愉悦的"破冰"活动。"破冰"以后，家长进门时脸上的拘束和焦灼会卸下，取而代之的，是轻松愉快的笑容。

沙龙的第一个高潮，是家长读书分享。一场读书沙龙，至少有五六个家长做主题分享，他们往往精心准备，郑重其事。有的着眼全书，有的着眼部分章节；有的抱持空杯心态，有的能做批判性思考；有的结合书上观点反思自我，有的根据自己孩子的特点规划亲子教育的未来。有人自信，有人羞怯；有人说普通话，有人持方言；有人沉重，有人欢脱：无论如何，都极其真诚。座中听者，无论是老师还是家长，或赞许，或沉思：无论如何，都极其专注。在这里，老师不是居高临下的训导者，家长也绝不是索求优质服务的消费者，我们只有一个共同的身份——读者。在这里，家长和老师有共同的目标，是真正意义上的教育同盟。

沙龙的第二个高潮，是小组讨论。讨论的问题，是我们提前向家长征集来的，也都是家长最关切或是最头疼的问题：孩子写作业拖拉怎么办？孩子回家喜欢玩手机怎么办？孩子不愿意和家长交流怎么办？孩子没有学习目标怎么办？孩子没有内驱力怎么办？孩子不自信怎么办？……家长的苦恼有很多，但一次沙龙，我们通常选择六个突出的问题进行讨论，每个小组一个问题。来自不同行业，拥有不同文化背景的家长们和老师们围绕着其中一个问题充分交流，相互碰撞，往往能形成行之有效的可靠策略。小组代表分享后，大家共享教育智慧。在这里，家长们实现了用自己的力量成长；在这里，家长和老师真正形成了学习共同体。

沙龙有时 21：30 结束，有时因为讨论太热烈，甚至会延迟到 22：00。近三个小时的时间，从来没有看到家长因时间太晚而焦灼。离开手机，家长再也不是老总，不是领导，只是为着同一个目标阅读和思考的书友；不管朋友圈，不管会议，不管业务，也不管应酬聚会，只聚焦"孩子的健康成长"这件事。专注，让参与其中的每一个人能够因全情投入而乐享过程；用心用情，让家长们和老师们获得教育智慧与成长。但我想，家长们和老师们收获的远不止这些。更重要的是我们收获了一种积极的心态，即教育上的学习心态和合作心态。

目前，家长读书沙龙已经到第二个阶段。这一季，我们给家长送上的好书是《陪孩子走过小学六年》《陪孩子走过初中三年》和《陪孩子走过高中三年》。博雅家长正在逐步养成阅读习惯。《大学》有言："未有学养子，而后嫁者也。"既然我们都还在学着做父母，那么，让我们一起读书，一起成为更专业的家长吧。

笃定教育之道，坚守教育信仰

张林忠

什么是好教育？很多人在探讨这个问题，我也经常思考这个问题。

从大学四年级当实习老师的时候开始，我就在想怎么才能够把学生教好，那个时候的教好无非就是让学生在自己所教的学科上能够取得高分，同时也证明自己能够胜任学科教学，于是就采取各种方式方法让学生去记去背，虽然有效，但是考完试之后学生很快就忘记了。在遇到高中毕业的学生的时候，他们中能记起的高中时候所学的知识已经很少了。虽然美国的著名心理学家伯尔赫斯·弗雷德里克·斯金纳说"当所学的东西都忘掉之后，剩下的就是教育"，但对于剩下的我要打个问号。知识长期不用是会忘记的，但是能力却可以沉淀下来；灌输的知识是很容易忘记的，但是教育的熏陶却可以长久沉淀下来。我们剩下的内容越多，那么就说明教育是越有效果的，如果什么都没有剩下的话，那么这种教育就是无效的教育，就是在浪费一个孩子的生命，想来真是后怕。

我们现在的所谓教育，更多的是知识教育，是为了考试而进行的知识的训练，但碎片化知识训练强调的是标准答案，往往不讲究启发、熏陶。没有天真和童趣，长期下来一个孩子想象的门会被关闭。从教育内容来看，充满孩子气和想象力的授课内容也很少。老师就是这样被"铸造"的，只能一直用同样的方式对待他的学生。而好的教育，不是要扼杀一个孩子智慧生命成长的可能，而是想方设法打开孩子的

| 团员活动

智慧生命，让他们在知识的学习、能力的生成中找到新的可能性，在与世界万物的对话中，不断地拓展他们智慧生命成长的空间。

学校在校长的带领下开始诵读经典，特别是在新生入学教育的时候。学生从有些抵触，到接受，再到后来的喜欢，整个学校诵读经典的氛围很浓，加上学校文化建设的精心构思，从硬环境到软环境都透露着经典的气息。在这样的大环境下，我在自己的课前带学生诵读经典，就像原来的"课前一歌"一样，来集中学生的精神。比如《论语》，读一篇就是3~5分钟，全书二十篇，一学期下来可以通读两遍，慢慢地学生习惯了，喜欢了，一上课就拿出《论语》，有些能够背诵的就跟着背。当最后一个字读完，整个教室静悄悄的，接着开始我的课堂教学，效果非常好。长时间坚持下来，学生也有很多收获。我做班主任的时候，在我的课前还读《老子》《庄子》等，学生有收获，家长看在眼里，也很支持。

我们博雅在建校之初的课程设置里就有经典诵读课程，同样从新生的入学教育就开始，整个诵读量比以前还要大，效果也更好。博雅从小学一年级就开始诵读经典，给这些孩子智慧生命的成长打下一个坚实的基础，同时还坚持阅读课程，拓宽学生的视野，丰富学生的心灵，提升学生的阅读力和理解力，为学生的成长助力。

现在的博雅围绕学生的发展开了很多课程。这都是基于刘平校长经常问我们的一个问题：教育是什么？但是，对于这个问题的回答却离不开教育的目的。这个目的是判断是不是好教育的重要根据。我们的教育活动是为了教育的目的而进行的。没有教育的目的，也就无所谓教育的行动，教育的目的一转向，教育的行动也要跟着转向。所以讨论教育，最重要的议题是要明白教育的目的所在。那么教育的目的在哪里呢？教育的目的应该是在教人"成人"，即成为一个"人"，而成人的标准应该是"人性"。所以教育要针对人性，要开发人性，让人性尽情地展现出来。什么是人性？这是不容易说明白的。《中庸》所谓"唯天下至诚，为能尽其性；能尽其性，则能尽人之性；能尽人之性，则能尽物之性；能尽物之性，则可以赞天地之化育；可以赞天地之化育，则可以与天地参矣"。首先"唯天下至诚，为能尽其性"，可见一个顺应自然生老病死的人，并不一定能够尽其性，要尽其性，必须有所开发，这就是教育的最大功能。而且"能尽其性"，然后"能尽人之性"，教育，不只要一个人尽自己的性，还要进一步尽所有人的性，这就是教育的扩大，教化的流行了。而人性的内涵是无穷的，"能尽人之性，则能尽物之性；能尽物之性，则可以赞天地之化育；可以赞天地之化育，则可以与天地参矣"，人性的开发，一定要达到人德通于天德，才算是完美的人格。现代西方人也有类似的说法，说人要与自己和谐，与社会和谐，与自然和谐。"能尽其性"，相当于人与自己和谐，"能尽人之性"相当于人与社会和谐，"能尽物之性"相当于人与自然和谐，而赞天地的化育就应该是人与宇宙的和谐。博雅的基本办学思想就是"遵循规律，追求卓越"，这一规律就是符合人性的教育规律。根据这一规律开展教育活动，每个孩子的智慧生命能得以开发，他们的生命将充实，饱满，充满光辉。

在教育本质发生问题、教育信仰开始动摇时，博雅遵循着自己符合人性的教育规律，坚持做好的教育、真的教育，让每个孩子尽可能长成自己想成为的模样。

用真诚唤醒孩子的心灵

韩海燕

记得在一本杂志上看到过这样一个故事——一个深夜，一位老禅师伴着皎洁的月光在垒了一堆石头的院墙旁边踱步，正在这时，他听到院墙外面传来急促的脚步声，他想，应该是翻墙外出的徒弟回来了。于是，老禅师赶紧弯腰趴在墙角的那堆石头上。弟子翻进围墙时就自然地踩在老禅师的背上下来了，当他发现是老禅师后慌忙后退，正在他不知道怎么办才好的时候，老禅师抬头看看天空说："时候不早了，赶紧回去睡吧！"从此之后，这个徒弟再也没有翻墙外出过。

这样真诚无痕的教育正值得我们学习！

一场楼道"风波"

一天中午，小学三楼食堂楼梯口吵得不可开交。原来是我们班雷小胖为另一个男孩子打抱不平，大声骂了女生李同学。围观的学生一大群，把整个楼道围得水泄不通，他们看到看热闹的人这么多，吵得更起劲了。此时一位新老师路过，试图制止他们两个的争吵，哪知道雷同学当着那么多同学的面吼了这位新老师。新老师无奈之下只好给我打了电话，讲述了整件事的经过。我迅速赶到现场，大家都已散开了，找了几圈都没有找到雷同学。估计是听到我要来，怕了，赶紧乖乖回寝室睡觉去了。果然，午休时间我在寝室楼道里发现了他，他双手和后背紧紧地贴着楼道的墙，身体好像在发抖，瞪着他那双大大的很无辜的眼睛，一副极度害怕的样子。此时，我想到了老禅师的故事，缓了一口气，走到他旁边，挽着他胖嘟嘟的手慢慢地上到六楼，在寝室门口定了定，说："事情的经过我都知道了，我相信你一定不是故意骂人的，你一定有你的想法，我也知道你很有正义感。下次你一定能用更好的方法解决此类问题，赶紧睡觉去吧。"此后很长一段时间，只要是我陪学生排队回寝室，他都会走到我旁边对我说："我看您的样子肯定很累，我扶着您上楼吧。"每当这时，就感觉他特别体贴，我就"乖乖地"在他的挽扶下慢慢上楼。

苏霍姆林斯基曾说过："教师的每一次理解与宽容，都会使学生终生难忘，会促使他去思考，在思考中做人，在思考中做事。"

感谢"不断气"的严监生

班上有一个男同学精瘦精瘦的，课下能说会道，还很喜欢研究电脑软件，班上同学都称他为"电脑专家"。可是我发现，这个小家伙上什么课都不愿意举手回答问题，做什么作业都错误率极高。观察一段时间后我才知道，这个孩子很不自信，特别是学习上总是莫名的紧张。有一天语文课上，学生们正随着课文故事情节愉悦地笑着，这位同学也笑得很开心，我想，机会来了。于是，我慢慢走到他的旁边，说："陈同学，请你说一说，为什么严监生久久不肯断气？"这孩子迅速站起来，脸红一阵青一阵，语无伦次说了一通，也不知道他在说些什么。我耐心地等他说完，轻轻拍了拍他的肩膀说："我知道你能回答得更好，不信，你在倒数第二段找一找赵氏说的话，一定能找到。"

研学活动

189

我摸着他肩膀的手掌好像有"能量传输"，他很快找到了答案并开心地给大家分享。全班同学听完回答，不约而同地响起一阵热烈的掌声。在这节语文课剩下的时间里，我看到他自信地举了好几次手。从那以后，我的语文课上又多了一位爱举手的男孩子。

有人说："自信不是与生俱来的，他一定是懂得教育规律的人在教育过程中抓住教育契机慢慢培养的。"

教师是学生思想上的引路人，教师是培养学生自信的点灯人。高明的教育艺术总能润物细无声地滋润孩子幼小的心灵，老师不应该因为教育而伤害学生的自尊心。智慧的教育如一场春雨滋润孩子的心田，老师不应该因不会把握时机而错过培养学生自信的机会。

如校如家，亦师亦家人

方园园

手抚键盘，脑子里思考着，我是以一个什么样的角色在写着这些文字。我是博雅的一名高中英语教师，是孩子们的班主任，有时候又好像是他们的大姐姐，甚至像一个妈妈一样。我想聊聊在校园内，我们师生之间发生的趣事，我想聊聊我们这个家的事。于是，我写下这个题目——如校如家，亦师亦家人。

2019年8月，我第一次见到这帮孩子的时候，他们的眼里满是对新学校的好奇，也有一丝丝的焦虑。那时候，我琢磨着，一定要让这帮娃娃充分感受到我的关怀，一定要让他们时刻感觉到身边包围着的都是爱。时光倏忽，两年的时间过去了，回想种种，竟然是我被他们的爱包围着。

2020年的11月，母亲节那天，我计划了许久，想要给孩子们一个机会，让他们对自己的妈妈表达他们的爱。早几天的时候，我拉着孩子们一个一个地录小视频，让他们把平时不愿意也不好意思说的话，都说在视频里。为了最大限度地保护他们的隐私，观众只有我一个。在他们分享的过程中，我不敢出声，看着他们甜甜微笑着向妈妈表达爱，我也会嘴角上扬；看着他们哭诉着委屈向妈妈表达爱，我也会眼角湿润。准备好视频，我又招呼娃娃们再给妈妈写一封信。我想着，文字的力量不容小觑，他们的妈妈读完这封信，还可以留下作为纪念，毕竟做父母的，未来总有一天是要放娃飞翔的。然后我给每一个家长

191

发他们孩子的视频和信。可是，在读信的时候，突然有一个家长说："方老师，这封信是你的。"我当时很意外，我还不知道，我自己也有。然后，原本想看着家长们流下感动的泪水，自己却先润湿了眼眶。

他们这么说：Bella，别人有的，你也不能少。世上只有Bella好，没Bella的日子很凄惨。Bella，Bella我爱你，你是我人生中最喜爱的班主任。方老师，谢谢你，这一年多，你让我有了许多的改变，让我充满了自信，没有什么可以拿来感谢你，就用高考的分数来报答。Bella，遇见你是我们班这辈子的福气，是你给了我们希望，把我们从迷茫中拉起；Bella，谢谢你让我不浑浑噩噩；Bella，谢谢你让我们每个人都发现了自己的闪光点；Bella，谢谢你给了我敢干的勇气；师乃吾之良师，不授鱼而授渔，西洋语乃高考之重，师授吾渔也，吾必有信心六百考之……全班每一个孩子写给我的话语，都让我留下眼泪。

多好啊，我爱他们；我知道，他们也爱我。

这还不是一个家吗？

【 茶文化教室 】

爱的力量

蒋明芝

临近期末的一天早上，我从五（4）班教室出来，李明（化名）从后面追上来对我说："蒋老师，我刚刚看见你和许老师说话，许老师怎么哭了？"他眼神里充满了关心和着急。

我笑着说："许老师和我说，昨天晚上你们班被留下来的那些同学都敞开心扉，说出了自己的心里话，并且深刻地反省了自己的错误，每个人都下决心要改正。而且，今天早晨许老师看到你们认真书写的作业和上课专注的眼神时，她很高兴，她那是欣慰的泪水。"

他听后，松了一口气，然后说："老师再见！"我说："加油！"他微笑着握拳向我示意。

这个学期，五（4）班有十几个学生学习状态很差，尤其不想做语文作业，李明是其中之一。半学期过后，这种状况更加严重，许梅老师看在眼里，急在心上。

许梅老师无论平时多么忙，都牵挂着这些孩子，一直在想办法帮助他们，孩子们也在慢慢进步。或许是由于期末复习，孩子们最近情况又开始反弹。头一天是许梅老师的晚自习，下了晚自习后，她和这部分学生进行深层次的谈心，终于使他们每个人都说出了自己心里的真实想法。平时活泼好动的胡成源（化名）边流泪边说："许老师，自从您接我们班，一直鼓励我，从来没有对我发过脾气。包括那次我犯错误，您都是耐心地给我讲道理，让我自己意识到问题所在。您一有空就给我补习，我还让您失望，我知道错了，请您原谅我。"站在一边腼腆害羞的肖俊逸（化名）早已泣不成声："许老师，我成绩不好，从来都不敢问老师问题，您是我第一个敢问问题的老师。您从来不会因为我不懂而批评我，相反，您会一遍又一遍地给我讲解。老师们都以为我是不愿意学习而磨时间，只有您会告诉我动作慢的后果和加快速度的方法。"

我知道，许梅老师为五（4）班操碎了心。她不是班主任，却时刻陪伴着孩子们，和他们聊天，关心孩子们的学习和思想状态。她给女同学进行青春期教育，和男同学讲做人的道理；她没有早读却天天早早到食堂，经常能看到她亲自给孩子们夹鸡蛋；午餐、晚餐时间她也会准时出现在打饭的地方，关注孩子们的用餐情况；每个课间，许老师都在教室里和孩子们开心地畅谈；每个午休、晚休，寝室里总能看到许老师的身影……

因为陪伴，她总能第一时间发现班里孩子的特殊情况并及时给予他们帮助。

开学初，李明上课一直不在状态，我在五（4）班听语文课比较多，发现这个学生上课无精打采，要么低头抠手指，要么看着窗外发呆，老师要求记笔记的时候，他无力地握着笔，半天写不出一个字。

后来听许梅老师说，李明是四年级下学期转来的插班生，一直不安心学习，闹着要转学。我清楚地记得那天晚饭后，在小学教学楼四楼的走廊上，李明叫嚷着，说他在博雅待不下去了，要回家，情绪一度失控。我和许梅老师一边安抚他，一边坐下来慢慢和他聊，才得知他是被家长逼着来的。博雅严格的管理，让自由散漫惯了的他难以适应。

从那次谈话之后，我就更关注他了，他坐在后排，上语文课时，我常常坐在他身边听课，提醒他做预习勾画，帮助他纠正握笔姿势，鼓励他回答老师提出的问题，渐渐地，他和我亲近起来。我得知他喜欢掰手腕，课间就和几个同学与他掰手腕，他力气很大，没人能赢他。

有一段时间，我在低段听课，但经常会经过五（4）班教室。每次经过他们教室，我都会不自觉地往里看看，不时会遇到李明，每次遇到他，他都会主动和我打招呼。有一次，许梅老师下课后和我一起回办公室，李明迎上来，带着腼腆的笑容说："许老师，我帮你背包吧！"许梅老师说："不用了。"我看李明有些失望的样子，就对许梅老师说："你就给人家一个表现的机会吧。"许梅老师会意了，把包递给了他，李明高兴地接过装着手提电脑的包，快步向办公室走去。我和许梅老师相视一笑。

李明从最初看到老师漠然回避、萎靡不振，到现在见到老师主动热情，活泼阳光，这样的变化，怎能不让人高兴？

许梅老师对我说，李明进步很大，学习积极主动，再也没有提转学的事了。

我知道，这一切都是许梅老师用她的爱换来的。

爱是信任，是尊重，是关心，是鞭策。

爱是一种伟大的力量，没有爱就没有教育。

用合适的分量爱孩子

王 新

朱永新等三位老师主编的《这样爱你刚刚好，我的一年级孩子》这本书，写的又是关于爱的话题。类似的书我读过很多，感觉都是心灵鸡汤，因此一开始并没有对它产生兴趣。

一个晚自习，孩子们在自主阅读，我打开这本书，刚读了几页便被吸引了。吸引我的是书中那种刚刚好的爱，一种充满智慧的爱，原来还可以这样爱孩子。换个角度，我们做老师的，特别是低年级老师，又何尝不是在扮演着父母的角色爱着孩子呢？

我要感谢这本书，指导我怎么和孩子说话，怎么处理班级的各种事务，怎么去和家长沟通，就像一本一年级家长的育儿工具书，给了我智慧爱孩子的指南，历时4小时，我在喜马拉雅App听完这本书后，受益良多。

一、智慧爱娃，共同进步。

全书的理念之基是"智慧爱"，古语有言："父母之爱子，则为之计深远。"没有原则与智慧的爱是溺爱，对孩子有害无益。一年级的小朋友虽然进入了学习的状态，但很多时候还是自由随性的，如何养成良好的学习习惯至关重要。在学校，作息时间很规律，每日按时做好该做的事情，就会有时间玩耍。孩子们最爱骑马，玩跷跷板，不拍照还不下来，我看着那一张张笑脸，知道这一天的陪伴是值得的。孩子们在健康成长，教师们也在循序渐进地获得更好的教育方法。

| 博雅学子参加湖南卫视《少年说》 |

二、快乐阅读，共同学习。

　　这一点博雅真的做得非常好，学校准备了漂亮的书架，还准备了适合一年级孩子阅读的各种书籍。从开学到现在，让学生坚持每晚阅读40分钟，有老师带读、自读、听读等各种形式。老师陪同孩子在阅读中体会到快乐，也在快乐中收获知识，共同进步。我们还将把这种快乐继续，作为老师的我深知：学习是终生的事业。好的阅读习惯会让孩子受益终生，而爱好阅读的孩子内心是充实而丰富的，这样的花朵才是祖国的希望和未来！

197

三、家校共育，共同成长。

在教育中，家庭是成长之基，学校教育是在家庭教育的基础上盖楼。"家庭教育不只是简单地教育孩子，更是父母的自我教育。没有父母的成长，永远不可能有孩子的成长。"言传身教就是最好的教育。书中也提到做好孩子的成长记录，其实成长册就是比较方便的，而我也将认真批改孩子们的成长册，把成长册作为我们心灵沟通的桥梁，用它记录孩子成长的点滴，让它发挥价值，而不是流于形式。

回想今年八月初，39 位天使来到一年级（5）班，我是激动又忐忑，不知道他们能不能很好地过渡，适应一年级的住校生活。为此，在学校正确的教育思想引导下，我们任课教师做了大量的准备工作：布置教室，创造温馨干净的环境；安排宿舍，兼顾舒适与安全。通过与家长多次沟通协调，一切准备就绪，39 个宝贝如约而至。

每一个孩子都不一样，孩子的每一天都不一样。老师努力做好事关孩子学习生活的一切准备，让每一个孩子都成为最好的自己，成为大家口中的"别人家的孩子"。我们周日迎接孩子返校，周三就开始为孩子回家做准备。我们在周三给孩子们洗完澡后，便嘱咐他们收拾好自己的行李箱和书桌，这样周五就可以早点出去见到最爱的爸爸妈妈了。同时，要求孩子们周末在家按照书中提到的放学回家学习的八大步骤切实履行——"放好书包换好鞋衣，讲究卫生把手洗，一定喝水吃东西，赶紧坐定先复习，再做作业心有底，检查对错需仔细，明天学啥先预习，收拾准备好欢喜"。

陪伴是最长情的告白。助力孩子成长，正如博雅的教育理念"陪伴学生健康生长，成就学生走向远方"，我们一直在努力，让我们再接再厉，让孩子们持续获得刚刚好的爱，不多不少，不宠不溺。

孩子的成长是我们家的事

用爱浇灌，用心陪伴

——批评、谴责与友善、鼓励的较量

吴　浩

在踏入教师岗位之前，无意中看到的一句话，定格了我对教师这个职业的认识和追求，点醒了我对教师这个职业的使命与担当，这句话是这样说的："你教室里的每一个孩子，都是一个家庭的整个世界，教育者要永远保持一颗充满爱与责任的心。"

在教学这条康庄大道上行走四年多了，作为一名老师，在自己的教育生涯中会遇到很多学生，师生生活中每天都有不少的故事发生，这些故事，让我有了一个深深的体会：如果一个学生常常遭到老师的批评与谴责，那他的内心就会永远沉浸在批评中，时间久了就会形成自卑心理；如果一个孩子生活在鼓励中，那他就会在学习中逐渐培养自信。每个孩子都是一本书，我们要阅读的是他们灵魂深处的需求。他们更是一朵需要耐心浇灌的花，处于心理未成熟的他们甚是脆弱，情绪易于波动，给他们爱的关怀，则会改变一个学生的一生。

机缘巧合下，我和这个孩子有了半年的师生缘分，其实我对他早有耳闻，因为他就是一个名副其实的学困生。在所有考试中，他毫无悬念地"稳居"班上倒数第一的位置，因此常常出现在办公室老师们的助困队伍之中，我对他也就十分熟悉了。

刚开学不久，他也曾被列入了我的帮扶队伍，要他上交作业，可谓难上加难，偶尔交了几次作业，也是错误百出，班上的同学好像对

199

【 千人绘党史班级作品 】

他的这些行为也早已习惯。和其他孩子的教育方法一样，批评、训斥在这个孩子的身上，没有起到一丝效果，他让我头疼不已。偶然间的一个细节，让我多了一些思考：老师在批评他时，或者他回答不出课堂问题的时候，他总是一言不发，并且头埋得很低。

于是，这场批评、谴责与友善、鼓励的较量正悄然发生。课堂上，每当有特别简单的问题时，他总是能得到我的青睐，每次回答正确后，我都表现得特别欣喜，并且毫不吝啬地表扬他，以至于其他孩子觉得老师有点莫名其妙。渐渐地，在我的课堂上，他居然能和其他同学一起举手回答问题了，并且有时能和中上层次的同学媲美。言语的鼓励好像让这个满是自卑的孩子的脸上洋溢出了一丝自信的微笑，批评与鼓励终于较量上了。不知从何时起，每天我都能看到他的作业了，虽然正确率不高，但是却是认真并且努力完成的，我也仿佛感受到了教育的力量。课下，我会时常走到他身边，悄悄问一声："小杨，今天作业交了吗？这首古诗会背了吗？"孩子给我的回馈是自信的、开心的、面带微笑的"做完了、会背了"。少有的几次没有完成，也能在和老师约定的时间内上交。

不知道是不是久违的自信心影响了小杨同学，之后的时间里，他的精神面貌焕然一新了，课间他能和同学们玩到一块了，坐在地上摆弄着象棋，和同学们奔跑在毓秀园周围，汲取着校园环境带来的本该属于他们的快乐童年生活的雨露，并且主动参加乒乓球比赛，为了比赛和同学一起训练到满头大汗。看到他的改变，我欣喜万分。在家校沟通的过程中，我得知了孩子出生时因被羊水呛到，和同龄的孩子相比略弱了一些，我庆幸自己在这个孩子的身上，用友善、鼓励代替了批评、谴责。

窗外的花开了，六月到了，孩子们要毕业了，我与小杨同学半年的师生之旅也即将结束。毕业那天，被鲜花、礼物簇拥着的桌子角落，有了这样一张不起眼的小纸条："吴老师，您好，以前我上语文课时很不听话，但是在上您的语文课时，我就喜欢上了语文课，谢谢您，吴老师。"短短的几行字却带给我很多感动，自信会战胜困难，阳光会战胜自卑，就像友善、鼓励终究战胜了批评、谴责。

教师如同花匠，在教书育人的这条路上，需要守着一份宁静、一份淡泊，静心再静心，微笑再微笑。教育就是一本厚厚的故事书，需要我们教师去慢慢品读、细细剖析。我们的学生需要的是爱和鼓励，温和友善胜于强力风暴。

在对孩子的教育过程中，友善、鼓励的力量远远超越了批评和谴责。

教
师
篇

201

爱心浇灌，耐心培育

肖媛媛

"如果一个孩子生活在批评中，他就学会了谴责；如果一个孩子生活在鼓励中，他就学会了自信；如果一个孩子生活在认可中，他就学会了自爱。"

A 是一个好动、倔强、暴躁、自我约束能力差的男孩子。在学校，他课上经常捣乱，不听老师招呼，和同学相处，也是矛盾冲突不断，他是一个让所有老师直摇头，所有学生都不敢靠近的"危险人物"。

他十岁之前一直跟着爷爷奶奶生活，作为家里的独孙，从小就备受宠爱，就算调皮，爷爷奶奶也总是迁就他，加上父母长期在外地工

作，无暇顾及他的学习生活，即使偶尔教育他，也都是采取一些强制性方法，比如打骂、冷暴力等，不顾他的心理感受。种种原因的堆积，使得他从小就养成了脾气暴躁、自由散漫、不受约束的性格。

了解到他的情况后，我经常抽课余时间，耐心地和他谈话，通过说服教育的办法，了解他内心的真实想法，同时，我也表达了父母和老师们的期望：希望他能遵守学校的各项规章制度，以学习为重，按时完成作业，知错就改，争取做一个同学喜欢、老师喜欢、父母喜欢的好学生。

为了帮助他改变自己，我经常利用课余时间找他谈心，但渐渐地我发现，无论我怎样耐心和他沟通，他都是一副爱搭不理的样子，对于我提出的一些要求，他虽然口头上答应了，但出了办公室就一如既往，我行我素，隔三岔五地就有老师或者同学来找我反映他的问题。屡次的谈心交流，却换来屡次的挫败，我感觉想要改变他有很大的难度，我觉得自己快要坚持不下去了。

就在我想要放弃改变他的时候，事情出现了转机。一次趣味运动会上，我们班一名之前和他发生过矛盾的室友参加了跑步比赛，当那个同学筋疲力尽，快要坚持不下去的时候，我竟然听到了他为同学呐喊助威的声音，等到那个同学跑完全程后，他又第一时间跑过去主动搀扶，关心同学的身体状况。当时这一幕让我十分诧异，没想到，原来这个让父母、老师都头疼的孩子，内心深处也有着善良与温柔。于是我暗下决心，无论如何都不能放弃这个孩子。

从那以后我主动地走近他的生活，了解他的兴趣爱好，无论是学习上还是生活上，只要他表现好、有进步时，我就会及时表扬他、激励他，让他知道老师在处处关心他。久而久之，他也感受到了老师对他的关心和爱护。与此同时，我依旧坚持定期找他谈心，渐渐地我发现，他的态度有了明显转变，愿意主动和我说一些生活上的困难或者学习上的疑惑，也答应我试着改变自己，和同学友好相处，好好学习。

通过半个学期的努力，他现在基本能遵守学校的各项规章制度。老师们都说他变化很大，上课比之前认真了许多，也不再捣乱了；各科测试成绩也有了明显的进步，数学从之前的 60 多分，到现在已经可以考到 80 多分了，模拟考试更是考出了 92 分的好成绩；在遇到冲突和矛盾时，他已经可以克制自己的情绪，没有那么暴躁冲动了，久而久之，与同学之间的关系也有了明显的改善。

教育家林格说过："教育的秘密在于'三分教，七分等'，教育最大的技巧是耐心。"在问题学生的转化过程中，我们尤其需要坚定耐心细致的教育思想，绝不能操之过急，试图一步到位或一蹴而就、一劳永逸，要允许反复并在反复中耐心地对学生进行诱导教育。

三分唤醒，七分等待，对待生命应该要有花苞心态：开花早的，成长快的，我们欣赏；开花迟的，成长慢的，我们也耐心等待，不急于求成。而这种花苞心态又与我们博雅的教育理念不谋而合：为社会培养具有"广博知识、优雅气质、坚定信仰、责任担当"等素养的新时代青年。

孩子的成长是我们家的事

忆菜鸟班主任二三事

张　楠

　　转眼已经是在博雅当班主任的第四个年头，刚刚做班主任时的故事，还是令我回味无穷。想念我的第一批学生，那时新学生和新班主任的碰撞也常常会给现在偶尔迷茫的我指一指路，提醒自己保持热爱、保持初心，学生就是班主任工作最重要的内容。

随时关注，及时反思

　　新组成的班级，孩子来自不同的地方，他们身上也有着各种各样的问题。其中有一个就很典型——前任班长。刚开学，由于他是班上唯一的老生，加上他对待同学很热心，做事又非常积极，于是我任命他为第一任班长。渐渐地，大家都发现他变了，变得对工作不上心了，对同学不热情了，甚至经常不把同学和老师放在眼里。通过和他的交谈，我发现孩子们的心态急需调整，他们认为班长是一班之首，是最大的官，小心翼翼，不敢得罪他。于是我马上开了个紧急班会，让班干部自己到讲台上述职，觉得自己做得不够好的自愿辞职，也立马改了班级的班干部轮换制度，由学生来选自己心中可以担任班干部的人选，两个礼拜之后再由大家公投，觉得工作做得可以就继续担任，工作做不好就换班干部。

　　到现在为止，第二任班长已经连任了三期，大家对她的工作都非常满意。现在我每天都给大家灌输一种思想：班干部就像公务员一样，是人民的公仆，是为大家做服务工作的。所以作为班干部首先必须要有奉献精神，把自己放低，而不是觉得自己高高在上，这样，同学们找到了班级小主人的感觉，班干部也有了危机感。我也找前任班长聊过几次，现在我觉得他收敛了一些，也没有了消极的情绪，反而燃起斗志决定改正自己的这些毛病之后继续参选班长。我要感谢我的前任班长，没有他的提醒我现在可能还找不到合适的班干部管理制度。

关于耐心的"质问"

我们班有个小"问题少年"，这个问题少年不是大家所理解的犯很多错不守规矩的孩子，而是他自己每天都会有各种各样的问题，问同学、问老师。他的口头禅就是："老师，我有一个问题。"这是他的一大特色。他开学初是个积极认真、让人喜欢的孩子，老师交代的任务总能认真完成，一丝不苟。记得那会儿孩子们刚来学校，去食堂吃饭还没有养成把凳子放到桌子下面的习惯，于是我派了"问题少年"督促大家放凳子。他每天都是最后一个离开食堂的人，甚至跪在地上帮大家把凳子摆放整齐。班里有一次写以"我最佩服的人"为题的作文，有同学写的就是他的认真和一丝不苟。而前几天，当我问起食堂的情况，那个执着的小胖子竟然都回答不上了，甚至在寝室的行为习惯也变得懒散，比如牛奶盒乱放，被子不叠好，衣服乱摆乱放，值日也时常忘做……我开始慢慢思考原因。

渐渐地我找到了原因，可能就是我没有一如既往地耐心回答他的每一个问题，一开始我耐心地回答他各种各样天马行空的问题，而到了后期我就完全不把他的问题放在眼里，经常敷衍他。就这样，一个可爱的小胖子从认真积极严谨变得随意。我不禁反思，接了五（2）

| 校园一隅 |

班之后，自己真的慢慢变得越来越没有耐心去倾听，总是很心急地想要让班里的孩子都养成很好的行为习惯，所以在他们触犯了一些规矩的时候，我就会变得很暴躁，也完全没有耐心去听他们解释。现在，我和孩子们交流时常问自己，如果多一点耐心，结果是否会不同？我也常常以此来提醒自己千万要有耐心。

每个孩子都有一颗想变好的心

我们班的小魔女是开学初到现在最让我头疼的对象。撒谎、大声说话、不守规矩、和同学打闹、不完成作业等，学生可能会犯的错她一样不落下。她虽然是个女生，但是比起男生来毫不逊色，有时还会和男生打架。和她多次聊天之后，我了解到，她从小和外婆一起生活，最近被接回爸爸妈妈身边，由于妈妈经常会对她又打又骂，所以她养成了一个不好的习惯，就是认错快犯错更快。只有快速地说"我再也不敢了""我以后一定会怎样怎样"，妈妈才会停止打骂她。来到新学校后规矩很多，她很不适应。有一次她又犯事了，在我和她聊天的过程中，我一直追问她为什么要那样做，而她根本说不出原因，后来她非常无奈地哭着对我说："张老师，我也不知道我为什么要这样做，我也不想这样做，可是我就是控制不了我自己。我也想做一个让大家都喜欢的孩子。"听完她的话我瞬间从之前的不耐烦变为心疼转而

207

自责。

其实每个有小毛病的孩子真的很想尽力去做好，让家长满意，老师欢喜。可是由于那么多年的习惯，她没有办法控制住自己，只能习惯性地犯错，习惯性地不守规矩，我们应该给她时间，让孩子自己慢慢地醒悟。大人都有自控力缺乏的时候，更何况是一个孩子呢。于是我改变了自己的想法，没有再逼她立马改正，而是告诉她只要她自己努力去做好，在一个星期之内，自己有了哪些进步就马上来跟我说，哪怕是一丁点儿也行。于是那个星期之内，她真的在寝室纪律、作业等很多方面都有了进步。

开学初她评选"星级少年"的时候，全班没有任何一个人投票支持她，而刚过去的这周我们选"进步之星"，班里过半的同学都举手支持她。看到她的进步，我也由衷地为她感到开心。其实孩子都有想变好的心，你只要给她时间和空间让她慢慢来，她总会朝着好的方向去改变。

守住底线，造福孩子

都说孩子的问题多数是家长的问题，我们班的超级巨婴就是如此。五年级的孩子了，几乎没有什么生活自理能力，自己不会穿衣服、叠被子、洗袜子、洗脚、洗脸、梳头。只要一变天，她的妈妈总是会发一堆短信和语音来教我怎么让孩子穿衣服。有一次降温，她的妈妈发了二十几条语音给我，大致内容如下：张老师，麻烦你让她把红色外衣脱了，穿上保暖衣，加上蓝色的羽绒马甲，粉红色的羽绒外套穿在外面，最后再加上校服。这和我们平时和孩子们说的"多加点衣服"相差甚远，搞得我也怀疑自己不会穿衣服了。她的妈妈不止一次向我表达过，孩子的生活和其他方面她都不在意，只要学习好、分数高就可以了。我很不解，这是对孩子极大的不负责任，父母不可能养孩子一辈子，那为什么不现在放手让孩子学习自己生活的能力呢？

在那个周末，我第一次否认了孩子妈妈的观点，跟她妈妈说，一个没有其他能力的孩子是不大可能有学习能力的。我继续跟她妈妈说，回家让孩子多做一点力所能及的事情，不能再替她包办了。她的妈妈说可是她不会。我说不会可以学，否则的话永远都不会。说完最后一句，她妈妈没有再反驳，我心里窃喜，我这个没养过孩子的年轻老师终于可以理直气壮地反驳那些"吃的盐比我吃的饭还多"的"怪兽家长"了。此后这个孩子慢慢变得独立，学会了自己穿衣，也能自己拿主意了，孩子一系列的表现让我欣喜。

在和孩子们相处的那段时光里，除了体验到孩子们的纯粹感情，坚定了我当班主任的决心外，我也悟出了一些班主任工作的小秘密，那是在博雅的每位班主任都在学习做，并要一直坚持做下去的——恰到好处的几颗心：用心观察，那样可以随时根据具体的情况来改变自己的班规和自己定下的规矩和制度；用心倾听，给自己和孩子都多一些耐心，用心倾听孩子的声音，否则你可能会将他的某个好习惯给扼杀了；耐心包容，给孩子一些空间和时间让他慢慢来，静待花开；信心面对，特别是年轻班主任在面对家长时，一定要据理力争，坚持自己认为对孩子正确的事，不能前怕狼后怕虎，犹豫不决，摇摆不定，这样班主任就无法很好地开展自己的工作了。

我的班级管理还有很多问题，但是我想，只要愿意停下来思考，身边总有不同的声音给我敲响警钟，提醒我可以转变一下思路，改变一下方法，不停地学习，不断从实践中感悟出新的东西，那样才能在自己满是荆棘的班主任道路上不断前行。

教
师
篇

梦想，行走在成长的路上

代　实

　　时光荏苒，回顾九年的教学历程，有一群小朋友的身影，时常浮现在眼前，他们 2016 年进入博雅，也是第一届我以班主任身份完整地带到毕业的学生。

　　成长的过程总是刻骨铭心的。初任班主任的我是极其茫然的，到现在我还清楚地记得，2016 年春季开学的前一个星期，我接到张林忠副校长的电话，通知我做好担任八（1）班副班主任工作的准备，在无任何经验和准备的情况下，我走上了班主任的工作岗位。经过一个学期的实践，我认识到，没有责任心、细心和爱心，是无法胜任博雅班主任工作的。2016 年秋季新学期开学，我和我的学生们走进了彼此的生活。

　　他们初一刚进校的面孔，我是无法忘记的：好奇、胆怯、稚嫩、迷茫。进校第一周，他们因为军训而变得黝黑的皮肤，汗水浸湿的衬衫，历历在目。在新生夏令营结营晚会的节目选拔中，他

们因为精心准备的节目没有被选上而号啕大哭的样子，让人心疼又好笑。那天晚上，几个参加晚会节目选拔的小朋友，垂头丧气地跑到我的办公室，一边哭一边给我说："代老师，你为什么明明知道我们选不上，又要让我们去参选？"确实，在他们排练节目的过程中，我就发现他们的水平和其他班的学生相比，要选上确实希望不大。但我更愿意看到他们为了实现一个愿望和目标而去拼去闯的过程，即使最后选不上，也可以适时进行"抗挫"训练。但我实在是有点儿高估了他们，毕竟他们还是小学刚毕业的孩子。在我们交流的过程中，李志宇小朋友说的一句话让我至今难忘："我们就像一只稚嫩的雄鹰被折断

了翅膀。"在毕业后的师生聚会中，我们也经常聊到这个事情。

对于一群十二三岁、生活在比较富裕家庭的孩子来说，全寄宿制学校对于他们来说的确是个巨大的考验，生活自理能力的要求比其他同类非寄宿制学校的要求要高得多，因此对孩子们独立性的要求也更高，在生活和学习方面出现偏差和困难也就显得再正常不过。孩子们犯错后，老师第一时间要做的不应该是批评和指责，而是了解清楚问题产生的原因并予以他们更多的帮助和关怀。因此，这帮小朋友进校后的第一周，我几乎每天晚上都要在寝室陪他们哭……

初中阶段的最后一年，为迎接体育考试，我鼓励孩子们早起去操场进行早锻炼。体考是迎战初中学生学业水平考试（中考）的第一考，成绩的好坏直接影响到接下来孩子们冲刺中考的状态和心情。一开始只有一两个孩子参与，大多数孩子都因惰性和各种理由没有到场。为起到引领示范作用，证明我的决心和毅力，我承诺每天坚持和孩子一起早锻炼，并定下减肥10斤的目标。话语一出，我就后悔了。没有退路，就是最好的出路。我坚持每天早上准时到操场，我知道我期待着他们，他们也期待着我，这种坚持似乎慢慢地发生了化学反应，参加早锻炼的孩子越来越多。最后，我成就了孩子们，孩子们也成就了我。

最真的教育，就是爱的教育，毫无功利的爱，毫无目的的爱。所以，老师一定是感性的，一定是多愁善感的。我们每个人的人生经历、生活态度、思维方式都不一样，但我们却追寻着同一个教育梦想，这样的梦想，把我和博雅的教育人捆绑成生命共同体，我愿意在未来的道路上，努力改变自己，不断学习、成长，使自己成为一个有资格和大家并肩作战的博雅人。

我来博雅教小学

杨 华

为什么要教小学？

原因很简单：我不是立志一辈子播撒读书的种子吗？小学才是种子真正生根发芽的沃土呀！

教了十几年高中，越教越不敢教，也不想教了。因为在高中播撒读书种子，真的有些晚了。相反，高中应该是开花结果的时候了。

在高中搞读书活动，是非常尴尬的。学生想读好书，可是还有试卷等着呢，更有老师"盯着"呢。老师也是没办法，成绩上不去就交不了差啊！其实，读书和考试本质上是不冲突的。但是，学生读了几本好书也未必在短时间内就能提高分数，这也是不争的事实。

读书活动，校长是支持的，老师也是理解的，学生更是愿意的。

但是，现实也是没有时间的。

于是，参与阅读公开课的学生越来越少了，好书推荐活动也被周考取代了，读书沙龙更成为美好的记忆了……

一句话：读书活动在高中是没有"市场"的！

复旦大学创始人马相伯先生说："我是一只狗，叫了一百年，但还是没有把中国叫醒。"

我也"叫"了十年，"叫"孩子们读书，叫醒了多少？我不知道！

但我可以肯定地说，这十年，是值得的！

"今年因为疫情，很遗憾没到你家耍，听你讲书。不管老师走到

教师篇

哪儿，只要回老家来，给我们发个微信打个电话，我们还要来把老师团团围住，听你分享好书。这儿永远有一帮听你讲书的忠实听众，一帮你永远的学生……"

这是一个孩子的原话，这条信息读得我眼泪哗哗。

的确，他们每年都会到我家坐坐，十几个孩子，天各一方，我家便成了集合点。这是我回母校教的第一届学生。

其实，人家都工作几年了，听说国庆就要结婚了。祝福你！智超。

回到小学，就是回到教育的原点。

读书，要从娃娃抓起。

在小学搞读书活动，谁再来跟我说什么影响学习，我就要跟谁急！

中国青少年研究中心家庭教育首席专家孙云晓说："对于孩子来说，养成阅读的习惯，就等于在他心里装了一台成长的发动机。"

这句话是我经常挂在嘴边的。

读书是什么？发动机呀！

人生不是考个大学就完了。

大学毕业，人生才刚刚开始。

所以，为他们从小播种下一粒读书的种子，先把这台"成长的发动机"安装好，并且随着阅读的深入，"发动机"还会自动升级换代。读得越多，升级越快，跑得越远……

三年前，我来到这里——博雅。

先是给孩子们讲"读书与梦想"。一双双专注的小眼睛，硬是把我感动了。我一感动就要送书，还不忘写上一句话："书，是捧在手里的梦想。"只要时刻捧着书，我们离梦想就近了。读书，让我们走得更远。但是，走得再远，我们都不能忘记当初是从哪里出发的。我们生命的原点在母亲，我们灵魂的源头在母校。读书，让我们走向远方，更让我们回归自己。

"效果不错，但只是学生读是不够的，老师更要读书……"这是校长说的。

于是，我又给老师们讲"读书与信仰"。还记得一位老师在互动中说："如果你是我当年的老师，我现在肯定爱书如命。"这样的话，我能不感动吗？感动了能不送书吗？送书能不写句话吗？还是那句："读书即信仰。愿我们，做一个虔诚的读书人。"强调一下，这是我的原创。在我心里，读书就是我的信仰。信仰的核心是什么？两个字——敬畏。何为敬畏？因为尊敬，所以畏惧。也就是说，心中要有害怕的东西。信仰是什么？相信并仰望。我始终相信，读书能带给我们无限可能！真正读过几本书的人，内心是谦卑的，也是柔软的！读书让我们真正懂得：世界是大的，自己是小的，所以学会了仰望。仰望那些远去的高贵的灵魂……

"反响很好，但老师读起来还不够，家长也要读书……"这是校长的原话。

后来，我还给家长们讲了"请陪我们的孩子读点书"。清楚地记得一位家长站在讲台面前哭了，她说："你的话就像巴掌一样打在我的脸上，我要读书……"这句话听上去有点像我的"托儿"。听到这样的哭声，除了送书我还能干什么？"只有我们家长好好学习，我们的孩子才能天天向上。"我的字，就像我的长相一样：没有章法！家长接过书，硬是深深鞠了一躬。这本书的名字叫《愿你慢慢长大》。

还记得有这样一段："作为一个女孩，妈妈希望你有梦想，你的青春与人生不仅仅为爱情和婚姻所定义。好吧，与其说妈妈希望你成为那样的人，不如说妈妈希望你能和妈妈相互勉励，帮助对方成为那样的人。"教育不是指手画脚"你应该怎样"，而是"我们应该怎样"。"教育的本质，是一个生命陪伴另一个生命，一起成长。"请注意最后四个字：一起成长。

教育是我们陪孩子一起成长。

读书是我们成长最好的路径。

今天，我来博雅教小学，播撒读书的种子。

书在，我在！

有书，有我！

孩子，你慢慢来，我等你

许 梅

牵着蜗牛散步，我们不仅欣赏了沿途的风景，更培养了蜗牛坚持不懈的精神。作为教师，当我们面对性格迥异的学生时，更需要我们有牵着蜗牛散步的境界，因为孩子的成长不能一蹴而就，需要每个老师用爱心、耐心和决心去浇灌。

作为成年人，我们无法体会孩子的世界，有些事情，在我们看来也许无所谓，可是在孩子眼里就是天大的事；有些事情，我们觉得不可原谅，而孩子却是另一个想法。如果我们没有童心，没有爱心，就无法体会孩子的难过，也看不到孩子的闪光点。

我们班就曾发生一件让我印象深刻的事情：那是孩子们一年级的时候，有一天，我在上课，正在表扬班里主动帮助同学的小朋友，这时一个小男孩一言不发地离开座位，走到储物柜前。对于他随意离开座位的行为，我有些生气，不过我选择了等待。结果我看见这个孩子在用力推一个小朋友的书包，边推边喊我："许老师，这个书包太大了，我推不动，你来帮帮我！"我瞬间明白了，孩子是想为班上的小朋友做点事，他通过观察发现那个书包放法是不对的，就想去帮忙整理。就像他在食堂总是一打好饭就不见人影，因为他想要为同学服务，想要给班上的小朋友拿纸巾。这是多么好的品质，只是他还小，不知道什么时候去做、怎么去做这件事情才是最合适的。于是我很真诚地肯定他的想法和做法，并告诉他应该怎样合理安排自己的时间，选择在什么时候去为同学服务。

我很庆幸我没有马上阻止他的发言和行为，所以这个孩子至今仍会主动帮助班上有需要的同学。

帕斯卡尔说："思想形成人的伟大。"人，最重要的是思想，是内在的驱动力。有了内驱力，孩子们的蜕变就是迅速的。

我这学期新接班级中的一个男孩子，学习成绩不好，从不主动参与课堂交流，我偶尔请他回答问题，他没说两个字就满脸通红，还总是结巴。每次叫他回答问题，都要等半天才会开始回答，我从未催促过，而是耐心等待。不管他回答情况如何，我总是想方设法及时寻找他的优点并给予表扬和肯定，就在一次次等待和鼓励中，我惊喜地发现孩子改变了，课堂上举手的次数逐渐增多，虽然考试成绩还是不理想，但明显感觉到这个孩子比原来积极、自信了许多。和他一样因为各种原因不自信、不自觉的孩子还有好几个：不写作业还总是在课堂上和老师顶嘴的小航，开学没多久就想着要转学的胆怯自卑的小轩，上课站起来说两个字就满脸通红的内向害羞的小峰，课堂上眼神呆滞总是走神的小灵，基础弱得总也完不成作业的小岑……

无论是以前带领的五（1）班，还是现在的五（4）班，我都很关注孩子们的内心世界。是不是和同学们闹矛盾了？有没有自己的小心思呢？和孩子们的每一次谈话都是我和孩子们心与心的交流，正因为如此，他们才愿意把自己的内心想法向我吐露。我经常会在办公桌上看到孩子们偷偷写给我的信，信中每每都亲切地叫我"许妈妈"，孩子们的心声也一次次地向我诉说。和他们多次交流，让我知道小航是一个有担当的男子汉；小轩特别希望能得到家人的认可；小岑因为家庭原因总觉得自己是多余的……了解到这些问题，我对孩子们的引导和教育就更有针对性了。

就在六月的一天，还发生了一件感人的事情。因为临近期末，我每天都会利用课余时间给几个孩子辅导。那天因为工作我到达辅导地点有点晚，孩子们在等我，却没有一个人写作业。看到这一幕我有点生气，但还是耐着性子问他们作业完成没有，结果每个人的作业都没有完成，那时我是真的生气了，便和孩子们说我每天的工作时间安排以及看到他们这样的表现时我的内心感受。说着说着，孩子们便开始偷偷掉眼泪，小峰走到我面前说："许老师，我错了。您别生气，我一定努力学习！您知道吗？我以前一直不敢在课堂上回答问题，因为我害怕，更不敢问老师问题。您教我们班数学后，对我们一直很好，您是我第一个敢去问问题的老师，我却让您失望了，对不起。请您一定原谅我，我一定努力学习……"看着孩子泣不成声却仍在努力克制，仍在诚心说着道歉的话，看着旁边早已哭成泪人的几个孩子，我没有忍住在眼眶里打转的眼泪，任其自由流淌。但我心里甜甜的，我知道，这几个哭泣的孩子是真心知错了，学习的内驱力正悄然在他们的内心生根。

那之后，孩子们总是变着法关心我，给我拿东西，提醒我要按时吃饭。更重要的是，他们的学习更自觉和努力了。

老师的成就感从何而来？幸福感从何处寻找？我想就是从和学生相处的点点滴滴的感动中获得。只要我们足够用心，将每个学生当成自己的孩子，把他们的成长看成是自己家的事，改进自己与孩子们相处的方式，耐心等待孩子们慢慢改变和进步。我们看到孩子们每一天的变化，自然是幸福的。

我的孩子们，你们慢慢来，老师愿意等你们，与你们一同成长。

写给陪了我 1045 天的 2020 届 7 班

张 蕾

学校在征文，主题是"孩子的成长是我们家的事"，这个主题真的是直击我的内心。从这个班组建开始，我就在反复强调："进入一个班，在一起学习和生活，我们要珍惜彼此的缘分，从此我们就是一家人。"我们的故事就此开始书写。作为班主任，我对你们只有三个要求：一是学习掺不得一点假，玩要玩得开心，学要学得认真；二是咱们班是一家人，要相互帮助、相互照顾；三是做一个对社会有用的人。

2018 年 8 月初，你们带着稚气未脱的小脸走进博雅，满怀对学校的好奇和对未来的期待。但博雅的严格是出了名的，进校后的第一个月都是在军训，在军训期间多少女孩子是哭着过来的。每晚我去查寝总能看见这样的情景：先是一个女孩躲在被子里哭，然后变成全寝室哭。在你们哭着哭着，我们陪着陪着的时光中，一个月就这么熬过来了。你们顶着烈日在军训的时候，老师们就在旁边批改着前一天你们写下的军训心得，给予你们力量。不得不说，那一个月的军训让你们改掉了自由散漫的假期综合征，在一声声的经典诵读声中，你们也进入了高中生活的状态。

"陪伴"是博雅最常提到的词儿，有生活的陪伴、学习的陪伴，也有心灵的陪伴。从入校之初你们有着自己的棱角，到慢慢地在自己的棱角上开出了花。我庆幸自己当你们的班主任，保护了你们的个性

220

| 武术课 |

发展。在每一个朗朗的清晨和守护的夜晚，将一些不可能熬成了可能，我一直觉得你们能成为最好的自己。

博雅有"经典诵读""餐前演讲""英文歌比赛""诗文朗诵赛""元记忆""财商课程""励志活动""30公里徒步"等一系列丰富的校园活动。财商课程上，小陈手绘了学校的第一版财商货币；在财商课选产品时，老师让你们即兴卖出桌上的物品，小姜拿起桌上的胶水，便立刻对我们侃侃而谈；在财商课营销时，你们计算着当日的利润，遇到来购买的小学生时，你们却悄悄降低了价格。励志活动的开展，让我们在紧张的学习中得到放松。印象最深的是我们玩"信任"的游戏，需要一个人闭上眼睛，另一个人带着他前进，走这个"黑暗"的世界。家人间的信任和默契便在这一场场校园活动中建立。

大部分学生都害怕在课堂上回答问题，特别是被老师点名回答。

为了打消大家的顾虑，我用了"独宠"这个词语。要点名之前我会问："今天谁想被'独宠'啊？"然后才开始让学生回答问题。在这样的"独宠"中大部分学生积极努力地学习，想得到独宠的爱，成绩默默地在上升。

我上课时，通常会把回答问题的更多机会留给潜力生。对于他们而言，更多的是缺少表达的机会，而能把知识点论述出来，也就突破了这一点。咱们班的小邹同学一直是班级的最后一名，甚至在高二时与倒数第二名相差了130多分。她反应会比较慢，但每次回答问题时我都会给她留更多的时间思考，实在回答不上来就慢慢引导。在这个过程中其他同学也能够耐心等待，一起引导她回答出问题。在小邹的成长中，咱们班同学为对她关心帮助，为其创建了友好的氛围，这让我明显感觉到了家人的力量。高考时小邹和上一名同学仅差1分，进步是巨大的。前几天小邹回学校来看我，这是让我觉得最欣慰的事，她说："我想学汉语言文学，以后想成为小说家。"我想，世界不会对每一个人温柔，但一定会保护努力上进的人的梦想。

你们总是可以变着花样给我制造出很多的麻烦，所有中学生犯的错，在你们这里只会加倍地呈现出来。而你们在知道做错事后又会想着法地给我道歉，"对着毛爷爷发誓，重新做人"。

记得小杨是中途从其他学校转来的，你转来前，逃课、睡觉、带手机是常事。我知道你是有个性的学生，所以对你更是关心。你从最初的厌我、恨我，到后来逐渐变得喜我、爱我。陪伴你们久了总是会有心灵感应。一次周末返校，我就是很想看看你的书包，我猜你还是忍不住带了"违禁品"。但你誓死不给，僵持了半个多小时后，你气急准备走。你走前我也生气地说："你走了之后，再也不是我的学生，我也不会再管你。"谁知你竟又回来了，给我说："蕾姐，前面不管你怎么说我都会给你怼回去，唯独你说你以后再也不管我的时候我一下子好难受，我愿意给你看我的书包，但我们要有君子协定，你不能生气。"

还有小王同学，就是传说中的"刺儿头"。转校进来时，你让我把你安排在教室的角落，你保证不影响其他同学上课，也让我别管你。那怎么可能呢？你走进我们班就是我们的家人，我不仅要让你坐前排，还要你坐在最黄金的位置，周围都是优秀同学。中途你也是不断违纪和犯错，但好在你在犯错和不断被教育中成长了，最后你对我说："感谢蕾姐没有放弃我。"

教育是一个长期的、反复的过程，高中生在他们的年纪里犯错，难道不是应该的吗？关键在于他们犯了错，父母和老师应该如何正确处理和引导，这是值得思考的问题。

"孩子的成长是我们家的事"，家事点滴而细碎，没有办法三言两语言清，只有落实在朝夕相处中。与其说是我陪了你们 3 年，不如说是你们陪了我 1045 天，每一天都让我有新的感悟。

"做一个对社会有用的人。"我想这是对咱们班学生说的最低要求，也是最高要求。现在你们正在追求更好的自己，也在继续寻找如何成为对社会有用的人。关于未来，你们有无限可能。

教师篇

慧琴不哭

田茂霞

慧琴是我的小老乡，我们都是铜仁（贵州省地级市）的。新生报到的第一天，她就给我留下了深刻印象，满口铜仁口音，听起来特别亲切。她是先来报到的几名同学之一，所以我当时特别留意她。我的目光随时在关注她，她一会儿跑过去，一会儿又跑过来，问报名的老师这样或那样的问题，其实她也在有意引起老师们的注意。

她开朗极了。开学的第一天，她就适应了新学校的环境，还能帮老师一些小忙，会主动和同学打招呼，她乐观开朗的样子，很讨人喜欢。

慧琴是"春晖"学子，是个贫困的农村小女孩。从她第一天来学校时的穿着洗得褪色的黄上衣，袖子有点短，干净的黑布面儿手工布

｜ 千人书法赛 ｜

鞋。就能看出她的朴素——她的身上透着质朴，见过她的人都会察觉这孩子身上的朴实味道。说来，我和这孩子算有缘的。军训结束，国庆假期回来后，因为原先各班人数增多，学校重新分了班，我当上了七（4）班的班主任，而慧琴正好分在我们班。在分班当天的见面会上，她哭得像个泪人，眼睛都哭肿了，她是很不情愿分到这个班的。我能理解她当时的心情。经过一个月的朝夕相处，特别是军训的磨合，她已经与原班同学及老师建立了较深的感情，而突如其来的重新分班，她是不能接受的。我当时见她的状态，做了很好的安抚工作。经过我的努力，她很快转变了对分班的看法，开始信任我这个新班主任，最终也被我"收服"了。我在短时间内得到孩子们的信任和爱，这让我也有点"小得意"。对于这群离开父母的初中孩子来说，他们最需要的是安全感和归属感，最需要的是理解和尊重，一旦他们得到满足，他们内心就会产生信任和幸福感！

在随后一段时间的观察中，我发现慧琴这孩子无论是在学习还是劳动方面，都很用心，很踏实，这让我对她极为放心。可是好景不长，没过多久，就听到有同学说她很孤僻，经常一个人坐在亭子里发呆，有时还躲在宿舍衣柜里哭。我很担心她的状况，就单独找她来了解情况。在我面前，她哭得很伤心，说同学们瞧不起她，嫌弃她，不和她一起玩，还在背后议论她的穿着——那时学生的校服还没到位，孩子们穿的是自己的衣服。

我听了她的哭诉，心里顿生怜惜，内心很自责。是我平日的疏忽，没有注意这些问题——这个年龄段的孩子，会有攀比心理，如果引导不好，会在班上形成不良风气，不利于孩子们健康成长。我告诉她："在学校不比家庭背景，不比吃穿，咱们只比品德和成绩。"经过我的安慰和开导，她似乎想明白了一些道理。我认为，只给她做思想工作，还不能从根本上解决问题，因为班上攀比的风气还在盛行，很多同学私下议论谁的鞋最贵，谁家车最好……这风气是不利于孩子们成长的。于是我又利用主题班会，通过同学们的自主交流达成了共识：咱们班以后不许谁攀比。我还利用课余时间指导孩子们在班上搞读书交流会，目的是让孩子们通过阅读和交流，形成良好的读书习惯，这样不光能让孩子们内心变得丰富，还能促成正确价值观的形成。

没过多久，慧琴又哭哭啼啼地来找我。看她那伤心无助的样子我很心疼，不明白这次她是因为什么伤心。我把她带到球场，也没问她为什么哭，只是牵着她的手绕着球场走了两圈，当时我能感受到她小手的冰凉。我们没有说话，只是享受着迎面吹来的清凉的风。第二天下午，她就写了一封长长的信给我，告诉我她哭的原因。从信中，我知道了她家庭的特殊情况。她是跟着奶奶长大的，爸妈在外地打工，家庭经济并不宽裕。她家里共有四姊妹，她和姐姐在外地读书，年迈的奶奶在家里带着两个读小学的弟妹，生活很艰苦。她说每每想到这些，心里就很想哭——这孩子心理负担太重了，在同学面前她显得很自卑，这种状态也影响了她的学习。我能帮她的就是为她减压，让她转移情感，引导她树立目标，让她有奋斗的动力。因此我在读书交流会上推荐《林肯传》给她看，让她能从书中受到启发，感受林肯成长的艰苦历程和一生的奋斗精神，我想书会让孩子走出迷惘。周末如果我有空的话，会带她到校园附近转转，这是她很开心的时候。她像我的小尾巴一样，喜欢跟着我，我也很乐意她这般亲近我。这孩子很喜欢写作文，她的作文内容多是以前在老家的一些农村生活，写得真实而感人，每次她拿作文来给我看时，我都会认真评改并给她提些建议。有时她也会写些打油诗让我给她改。这孩子有一颗细腻的心，总是多愁善感，这也是她之前爱哭的原因之一。

后来，我认为要找点事儿给她做，转移她念家的情绪，我就让她当班里的农场主，这活儿还真适合她。她对我们班的地很上心，每天

孩子的成长是我们家的事

晚餐后都要去农场劳动。是她领着同学去开垦的荒地，是她用臭鸡屎改良了贫瘠的黄泥地，是她领着同学去翻土播种，是她有计划地在班级地里种上四季豆、马铃薯、玉米和向日葵……

她似乎在学习之余找到了寄托！这个只有十二岁的农村女孩第一次离开亲人到远方求学，这次她是真的找到了属于她的快乐方式。

她说她很喜欢土地，因为只要肯辛勤付出，土地就会回报以丰硕成果。是的，我们老师何尝不是这样，如果真诚地对待每个孩子，就像农民虔诚地对待每寸土地一样，那么秋天来时，我们脸上就会绽开灿烂的笑容，那是我们心灵深处最大的快乐！

教
师
篇

花开博雅，各自灿烂

陈永彬

三月，春色满校园时，总是有许多种类的花悄然盛开。

玉兰是最先盛开的，洁白的花朵在枝头散发阵阵清香，若有微风拂过，远远望去像一只只灵动的白鸽。

樱花是晚樱，总是在玉兰快谢完时才完全绽放开来。它的花朵很大，挂满枝头，总是会令人驻足欣赏。春风拂面，花香入鼻，落英缤纷，每每见此景，都让人心旷神怡。

花开无声，总是让人不易察觉，来得猝不及防，正如操场边上的桃花，在不知不觉中迷人双眼。在校园里，还有许多的花悄然绽放，更有许多叫不出名字的植物在向上生长。任何一株植物都是充满灵性的，无论是繁茂的叶片，还是稀疏的花朵，又或者是开合的花瓣，都在展示着生命不同的姿态。

当樱花盛开之时，玉兰早已抽出绿叶；当菊花绽放之时，校园一

片绿荫；当校门边上的蜡梅一枝独秀之时，草木皆枯，正在蓄力下一个春天的到来。

花开有时，总是在属于自己的花期展现最美的姿态。有的花，一开始就会灿烂地盛开；有的花，则需要漫长的等待。

花开花谢，皆有灵性！

春去秋来，花开花谢，这大自然的变化仿佛越发地让人感受到博雅"陪伴学生健康生长，成就学生走向远方"的育人模式的内在力量。正如那些花儿在不同的时段绽放一样，我们的学生也在不同年纪得到不同的成长。

从一年级到六年级，从初一到初三，从高一到高三，我们陪伴着孩子从 6 岁到 18 岁，看着他们慢慢成长，满怀期待地引领他们走向远方。在他们不同的花期，我们用心浇灌，只为让他们展现出属于他们那一时期最美的姿态。

在博雅这片沃土，有花开灿烂，有暂未盛开，不论花开与否，我们初心不变，都是耐心陪伴，呵护每一粒种子。不论是懵懂的小学孩童，还是十七八岁的同学，我们静静等待着他们不同时期的绽放，不强求每粒种子都在固定的时间开出同样美丽的花朵。对于不开花的种子，我们也不急不躁，因为我们知道那些种子可能是参天大树，需要更多的时间和养分。

不论是清晨的食堂，还是午后阳光下的操场，又或是月色下的寝室，随处可见老师们陪伴的身影，或交流谈心，或辅导作业。作为教师，我们要做一个博学的陪伴者，让学生在生活中汲取更多的养分；作为长辈，我们要做一个耐心的守护者，让孩子在学校能感受到家的温暖。

我们不舍昼夜、不辞辛苦，静静地等待花开，用心欣赏花开之时那份令人感动的生命之美。

教师篇

在二年级读书沙龙上的发言

邓传艳

亲爱的家长朋友：

十分有幸，今天能和大家一起交流《这样爱你刚刚好，我的二年级孩子》的阅读感受。首先感谢学校的赠阅，虽然这本书写着新父母教材，但是我觉得也很适合老师们看。看了这本书以后，我自己最大的感受是，教育孩子、爱孩子真的是一门大学问。说起教孩子、爱孩子的方法和途径，在座的家长们可能都比我有经验。虽然我只是孩子们的老师，还是一位年纪尚轻的老师，但我怀着一颗虔诚的心看完了这本书，我觉得意义非凡，收获颇多。书里所谈的每一句话，我都觉得是金玉良言。有太多太多的感受，想要和大家分享，但是因为时间关系，我就简单说说自己感受最深的地方。

打开书，我被第一章中的第三点深深吸引住了，读完这本书以后我又倒回来多读了几遍。它的标题是这样写的——"维护良好的亲子关系是二年级父母的必修课"。是呀，维护良好的师生关系，何尝不是老师的必修课呢？孩子七八岁时，尽管他们会显得比幼童时期沉稳，但伴随着自我意识的增强，他们有时仍然不能控制自己的言行，需要来自父母和老师的力量进行规范。这时"谁说话管用"就变得很重要。说话管用，从两个角度体现出孩子内心的真实想法：第一，孩子信服这个人；第二，孩子不忍心让这个人失望。孩子对这个人既有所忌惮，又感情颇深，这就要求这个人既要与孩子建立很好的依恋关系，又要有权威力量。这不仅是二年级孩子父母需要着重建设的内容，也是我们老师和学生之间需要不断去培养的关系。当时读完这一章节的内容后，为了和孩子们建立更深的依恋关系，我们的班主任几乎是从早到晚都守护在孩子们身边，"宝贝、宝贝"更是成了我们的口头禅。有时候我已经夸张到：人家初高中的学生，向我问路，我还要回一句"宝贝，你往那边走"。我的副班主任和我打电话，挂电话时我还要说一句"宝贝再见！"看来"宝贝"这个词语已经让我"不能自拔"，我还是得克制一下。依稀记得刚开学的时候，为了让孩子们有回归大家庭的感觉，得到班主任的独家宠爱，各班班主任真是各显神通。孩子们早上吃早餐的时候，我喜欢给他们剥鸡蛋。给他们剥鸡蛋，让我觉得很开心，当然孩子们也很开心，因为在学校，有人像在家一样宠着他们。

为了维护良好的师生关系，我们做了很多很多，不怕苦不怕累，孩子们也给了我们爱的回应。就这样，在与孩子的互动中，我们建立了良好的依恋关系。有了这种关系的存在和支撑，我们的师生关系愈加融洽，也让班主任具有威慑力。这也就是大多数孩子都比较听班主任的话，班主任管得住学生的原因了。

当孩子走出家庭，进入学校，他们对老师有着特殊的依恋，有着尊敬之情，对老师提的要求、给的评价十分看重，老师就成为与父母并行甚至超越父母的权威者。这时，家校合作是必须持续的教育方式。作为孩子心中最重要的两个权威，父母和教师需要目标一致、长期协作，孩子才能够体会到家庭和学校共同构建的安全感，这是成长的幸福。

第三章中的第三点让我感受也很深，它的标题叫作"不溺爱，让孩子做遵守规则的人"。可能大家听到"爱"与"溺爱"这两个词，只是觉得爱的程度不同。其实不是的，爱和溺爱是完全不同的，爱是尊重孩子，视孩子为一个独立的个体，给孩子自由。溺爱是父母打着爱的旗号，对孩子的控制和包办行为。在这里有书中提到的一些例子，当然我自己也是一个活生生的例子。前面不是说到开学有一段时间我给孩子们剥鸡蛋吗？说实话，当时我自己没有太大的感受。直到有一天，不是我的早读，但我去看孩子们吃早餐，我们的数学老师告诉我："你看，你把我们班孩子，宠得都不会剥鸡蛋了。"当时我不以为然，还笑了笑说："怕不会哦！"随后我就递了一枚水煮蛋给我们班的一个小女生，然后这个宝贝真的不会剥鸡蛋。当时我就在想，爱孩子还是得有个度，与其事事包办还不如教给他独立生活的能力，与其给他剥好鸡蛋放在那里，还不如教他怎么剥，让他自己剥。此后，我结束了我这种溺爱行为，也更加注重自己表达爱的方式。孩子是独立的人，他具有自我成长的能力，作为大人，我们比孩子有更成熟的思想体系，我们要把眼光放长远一些。在社会中生存是离不开规则的，人在成长过程中，必须了解规则，学习遵守社会的规则，明白社会对人的约束性。要让孩子知道每个人都应当遵守社会规则，不能完全按照自己的意志行事，孩子才会敬畏规则，遵纪守法，才不会走上违法犯罪的道路。

最后，我强烈推荐大家去读 52 页到 55 页的"关注孩子才能教育孩子"。读了以后你会发现，为什么孩子会在 12 岁以后也就是青春期叛逆，不听父母的话，甚至早恋等。我也推荐大家去读 40 到 43 页的"智慧型教养方式"，做"智慧型父母"，与孩子建立起民主平等的关系，最有利于孩子健康人格的培养。总的来说，这本书真的是教育的精华，但是我说不完。

不管是老师，还是家长，我们都应该静下心来认真读一读，这是一本好书！

谢谢大家！

孩子，我陪你成长

何玉维

在我的印象中，小孩子的性格要么调皮要么可爱，但我遇到了这样一个学生，打破了以往我对小孩子的认识。

开学初，我与一（2）班的学生有幸相遇。大多数同学刚来到学校都是带着好奇或者害羞，但有这样一个学生，他的表现深深地引起了我们几位老师的注意。

刚进教室他就趴在桌上，不愿与同学和老师沟通交流，甚至大哭大叫，影响到其他同学。几位老师用了很多方法，但是他都不愿开口交流，情绪也没有好转。直到有一天，我试着换一种强硬的方式与他相处时，发现他似乎有点害怕这种相处模式，于是就开始和我动手了。我这样一名年轻教师，遇到这种状况，有点不知所措。后来，我让他

经典诵读

平复情绪之后再与他单独交流。我与他谈话的开头不再是"你为什么会有这样的表现？"而是"刚刚你动手打了老师，你应该怎么做？"从他的目光中我看到了愧疚之意，随后他才慢慢跟我说了几句简单道歉的话。我趁着这个机会了解到：他父母离异，他跟妈妈一起生活，家里有三个小孩，他排行第二，从小跟着奶奶一起生活直到5岁，因奶奶生病卧床不起，他才跟着妈妈一起生活；妈妈忙于工作，又因为家离学校较远，不能回家看望奶奶而心里不舒服。这让我感受到父母的陪伴对于一个孩子的重要性。

后来，我又通过多次与他的妈妈沟通交流了解到，之前父母感情不和，会当着孩子的面吵架甚至是打架，给孩子幼小的心灵带来了创伤。同时也是由于第一次离开家住校，来到陌生的环境难免会感到孤独与难过，所以情绪也有点不稳定。

在我多次与这位学生相处之后，我了解到，其实他的内心非常脆弱并且需要关注。后来无论是在课堂还是在其他方面我都尽量多关注他，每当有集体活动的时候，我都鼓励他与班级学生多相处，多交流。长时间下来他与班上很多同学都熟悉了并且还成了好朋友，这也让他的情绪越来越好。在学习方面，这位同学非常善于思考，学习也比较认真，成绩在班级都是靠前的，但是作为一名学生，首先是一个小孩子，所以给予更多的关爱与陪伴是必要的。

我想，教师要真正做到善解人意，除了献给他们一片爱心，还要替他们排忧解难。学生之所以有情绪，原因很多，但我们只有不断帮助、鼓励他们，才能让他们幼小的心灵得到一丝慰藉，情绪才会慢慢变好。一个成熟、理智、有责任的老师，能成为学生成长路上的引路人，而不是因为一点点曲折就退缩，甚至是放弃。

我想，这也是时代赋予我们每一位教育工作者的责任吧！

滋情感联结之露，润和谐班级之花

李红彬

阿尔弗雷德·阿德勒说："用另一个人的眼睛去看，用另一个人的耳朵去听，用另一个人的心去感受。目前，对我来说，这是对我们所说的'社会情况'可以接受的一种定义。"强有力的科学证据表明，增强学生与学校的情感联结，会使学校的教育更成功。正如《教室里的正面管教》中所言，教育是一个多因素结合的过程。我不禁又想起2021年元旦前一天处理孩子们上课违纪那件事，至今印象深刻。

2020年12月30日下午第三节课，本来是自习课，后来分给了历史张老师。晚上要开迎新会，同学们都有些激动，再加上第二节是军事理论课，同学们从外面回来后，很多人在吃水果。上课后大部分同学还是拿出历史资料认真听张老师讲课。俗话说："烈火见真金。"关键时刻方能表现出一个人的定力。王星月并没有准备历史资料，上课后只是把水果从课桌上挪到了课桌下，剥一点吃一点，非常悠闲地品尝美食长达15分钟。不知道是受了她的影响，还是受了元旦要放假的干扰，夏千一、王佳驹也加入了这个行列，而且还传递水果，特别是趁张老师转身写字的时候。当时的课堂气氛特别差，这种状况被教学中心拍照，王星月、夏千一、王佳驹、孙帼绩被传至教学中心说明情况。当然，也连累了张老师，本来这节课是上自习的，张老师是义务来上课，反倒被通报，真是太让人生气了。我也被教学中心通知去观看课堂视频。看过视频，我真的非常生气，真想大发雷霆。但理

235

智提醒我不能这样做。我在从教学中心回教室的路上，脑海中不断闪现课堂的混乱画面，同时也在不断安慰自己"人非圣贤，孰能无过"。到教室后，我故意当着全班学生的面给张老师道歉，"连累张老师了"。学生们感到诧异，可能他们纳闷为什么我没发火。

我把被通报的几个学生叫到办公室，问他们为什么这样做。他们不说话，我非常严厉地告诉他们，每个人写 2000 字以上的情况说明，当天晚上不能参加元旦迎新会。他们很无奈、很失望、很痛苦。但我始终不改脸色，他们自己说真的知道错了，愿意受罚。我坚持要他们写情况说明。晚饭后，大家都在准备迎新晚会，他们无奈地在写那些一遍又一遍的废话。

晚会开始了，有学生对我说："老师，夏千一有节目，能不能让她参加表演。"我感到时机到了，就说："你们犯了错误，我不会原谅你们，但大家求情，今天又是元旦，看在同学们的面子上，你们回去吧！记着，好好表现。"他们非常高兴，可能没想到我没批评他们这一点。

《教室里的正面管教》中说："改善，而不是完美。当老师鼓励改善，而不是完美时，学生们会知道老师关心他们。教师也许永远不完美，但每一次失败都能提供一次想出解决方案的机会。"

教育是润物细无声的培养，武断解决不了问题。如果这次将他们大批一顿，叫家长领走，也不能从根本上解决问题。

元旦后，很多学生不再在桌子上放零食，有这样的进步，也算是一种收获。

慢慢来，我的孩子

李思蕊

春天的风轻拂过脸庞，孩子牵着我的手，仰着头看着我，兴奋地和我分享他从书本中了解到的新知识。我微笑着低头看他被风吹得乱乱的头发下亮晶晶的眼睛，我想这一刻我已经等得太久太久了。

这个孩子从上学期我刚接到他们班开始，就是整个四(1)班最"无神"的学生。他对任何学科都没有兴趣，上课一走神就是四十分钟，站起来回答问题也十分胆怯，声音小得像蚊子叫一样。无论老师怎么温柔地引导他说"回答问题要自信一点"，都没有任何作用，他依旧把头埋得低低的，声音也越来越小。

我课下找他谈心，慢慢了解之后才知道，原来在原生家庭中，他爸妈很忙，只要他犯了错误父母就会狠狠地打他。以前的老师也常当着全班同学的面批评他，使得他有些不自信，再加上经常生病嗓子沙哑，说话的声音就越来越小了，因此老师更是不点他回答问题了，慢慢地他就对学习也没什么兴趣了。同学们也因为他成绩和行为习惯不好不和他玩，慢慢地他就变成了一个沉默寡言的孩子，而这种沉默，其实万万不该发生在一个四年级的小朋友身上。了解情况后我拍了拍他的头，说："没关系的，我陪你一起慢慢长大！"其实不只是给他自信，也是在告诫我自己，对待这种缺乏自信的小朋友，一定要有耐心，多夸奖。

经过半学期的表扬鼓励后，孩子的语文从原来50多分提高到了

70 多分，孩子的妈妈甚至专门打电话来感谢我："孩子在家愿意学语文了，写作文也非常认真，甚至在家里把作文背下来了，想周末回来背给你听，听听你的修改建议，这是我第一次看到他这么喜欢语文，太感谢你了李老师！"听到这个消息的我喜从中来，也许这就是我想从事教育行业的初衷吧，不放弃任何一个孩子，因为他们就像是我的孩子一样，哪有家长放弃自己孩子的道理呢？

但事与愿违，这样的好景只维持了半个学期，到下半学期他又"旧疾复发"。我仔细观察，他一上课就会走神，一点没有把心思放在课上，作业质量也很差，而且更封闭自己了。通过无数次谈心交流，他也没有改变。

此时我的温柔和严厉在他面前都显得无用，我静下心来认真分析：他的表现是因为没有约束，缺乏规则意识。为了更深层次地解决这个问题，我把他的家长请来，先和家长沟通孩子的情况，也是为了更好地培养孩子的学习习惯，但是孩子直接一句话不说。整整三个小时，不管我们是温柔鼓励，还是严厉批评，这期间他妈妈流泪无数次，他都始终一句话不说，我和家长都束手无策。最后我严肃强调："家有家规，校有校纪，好好学习、完成作业是学生的本分，无论今

和校长共进晚餐

| 博雅红包 |

天你说不说话，学校的规定——多次不完成作业需要回家走读这是肯定的！逃避解决不了任何问题，孩子，我们希望能帮助你。"孩子终于开口说话了，一致商量后他签订了认真学习的承诺书。最后我又和他进行了耐心的沟通，希望能够帮助孩子认识到父母的不易，说父母今天辛苦上了一天班后还要赶来学校，只是因为他不完成自己的任务，这是爸妈为他的错误而承担的责任，请他给爸爸妈妈鞠躬道歉。我看见泪水从孩子的眼中落下，我想这一次终于能够帮助孩子认识到自己的不足了。

这一次教育之后，孩子听课的状态、作业的质量有了大幅度提升，眼睛也慢慢变得有神了，眼神中终于出现了一个四年级小朋友对外面世界应有的好奇。孩子妈妈和我说："炳何能遇到你这样的好老师，真的十分荣幸，感谢！"

其实我当老师不是为了家长的感谢，亦不要求每一个小朋友一定要考出好成绩，我不害怕平均分低，因为我相信每个孩子都有他自己的生长时节，我愿意耐心等待每一个小朋友开放出自己生命中最绚烂的花朵。

何谓教育？陶行知先生有言："千教万教，教人求真；千学万学，学做真人！"于我而言，教育不是一味地鼓励，而是因材施教，帮助每一位学生变成最好的自己，这便是我存在于世界的价值。无论学生的梦想是科学家、医生，还是游戏策划师，我永远都不会差别对待他们，毕竟，所有学生都是我自己家的孩子，我衷心地希望我的孩子们这辈子能够健康、幸福、自信、自尊地活着。

一个博雅散步者的梦

——孩子的成长是我们家的事

曾 科

　　其实这篇文章是应该用副标题来命名的，因为文章里所要表现的主题，正是突出关于孩子成长的教育问题。但因为向来为文章标题者，以有所暗示而引起读者的联想为深刻，况且我近来重读卢梭的作品，可能是深受他的散步方式引发的一连串的梦的影响，这个题目刚好也能契合我的心意——我在博雅散步，常常也因散步所见而引发一个个的梦。

　　有一天，其实是非常平凡的一天，我在学校喷水池旁边的草地上看到一群孩子在恣意地玩耍。在午后阳光的映照下，一张张稚嫩的笑脸散发着春天的气息。他们一会儿拍着木马，一会儿攀爬木梯，一会儿你追我赶，嬉闹着滚在一起，清脆而干净的笑声飘荡在喷洒起来的泉水声里，把我带入遥远的地方。我想起我的小孩是不是也在那个"家"里天真烂漫地追逐打闹，和邻居的小孩在小区的桃树下捡起花瓣，将它们一片片叠起来，在台阶上摆成一个个心形的图案？就像此刻博雅这片草地上的那些孩子一样，一片一片地捡起桃花花瓣，认真地摆弄成自己喜欢的图形。

　　他们的老师，在不远处的草地上蹲下来拉着一个小朋友的手说着话。

　　这个美丽的画面，和我与我的孩子在一起的时候一样。

有一天我问他："你喜欢爸爸吗？"

"喜欢！"

"为什么喜欢？"

"因为爸爸陪我一起玩。"

"因为爸爸经常给我讲故事。"

"因为爸爸和我一起看动画片。"

…………

他的"因为"有很多，那一瞬间，成人的理智早被波涛汹涌的情感冲破堤口。原来，我在孩子心中如此重要，不是因为我是他的爸爸这种血脉相连的关系，也不是因为我给他买了那么多好吃的和好玩的，而是因为我一直陪着他：他要玩的时候我陪他一起玩；他想听故事的时候我抱着他耐心地讲故事；他要看动画片的时候我静静地和他一起看动画片。也许，是因为这么多"在一起"，小孩出门的时候总是拉着我的手，不离我左右。

此刻，这些场景就像梦一样浮现在脑海中。

"在一起"，是爱的无声告白，如果把这三个字用理性的话阐述成另外一种语言形式，那么，用"参与"二字来表述再恰当不过了——"参与"是一种深情的爱，像我极少直接对小孩说"爱你"那样。然而真正用心参与，爱的种子就已经深种在孩子的心里，教育在无形中就开始生根发芽。

在博雅，我常常在散步时看到很多"在一起"，和我脑海中的那些梦一样真实而自然：一些老师和孩子在一起静静地看书，一些老师和孩子在一起酣畅淋漓地跑步，一些老师和孩子在一起轻轻地吃饭……

什么是爱的教育？我想，它的定义不应该是一种阐释，不应该是一棵树摇动另一棵树，也不应该是一片云推动另一片云，而应该是"润

教师篇

241

物细无声"的参与，就像春风和着细雨，万物开始复苏，夕阳映着云朵，天空一片旖旎。

在孩子的成长过程中，每一种真情的参与，都会在个体生命的底处留下一抹亮丽的色彩，给孩子幼小的心灵里画上厚重的一笔。

有时我想，无论时代怎么发展，有一个关于教育的问题不必追问：教育在哪里？也无须一遍又一遍地捡拾那些教育名著里的只言片语来作为实现自己教育梦想的圭臬。教育的诚挚之爱一定在"参与"的无声行动中散发出馨香，并在孩子的成长之风中摇曳出丰硕的果实。

| 茶文化课 |

用灵魂给孩子温暖

熊 禹

著名教育家陶行知先生曾经说过："你的教鞭下有瓦特，你的冷眼里有牛顿，你的讥笑中有爱迪生。"在不知不觉中，从教已经六个年头，担任班主任也来到了第六个年头。还记得刚刚进入教育系统的时候，我就是个给小孩子上课的"大孩子"，虽然很上进、负责，但也很任性、冲动。我在成长过程中遇到了很多值得分享的案例，其中最想说一说的便是来到博雅担任班主任后遇到的这个孩子。

如果说来到博雅是一场意外，那不得不说遇到七（5）班是一场最美丽的意外。有教育前辈说过"成绩好的娃娃情商普遍较低，而成绩稍弱的娃娃情商普遍较高"，我一直深信前辈的话，直到我遇到了这个孩子。

还记得炎炎夏日中这个孩子报名的场景：爸爸送他来学校，孩子和爸爸都大包小包地提着很多行李，去寝室的路上我主动提出帮孩子拿被褥，可是被孩子拒绝了。当时我就想这个孩子很不错，独立性很强。开学后的一个月里，这个孩子也是我的重点观察对象。第一次月考结束，他数学考了全班第一，总分全班第二，非常优秀。随后我便让他做了我的数学科代表，在之后的一个月中，这个孩子身上的问题开始凸显。他非常骄傲，而且为人处事完全不考虑他人的感受。有一次在篮球场上因为争球失败，他便破口大骂班上另外一个成绩没有他好的同学，而且脏话连篇，并带有侮辱性词语。我知道这件事后找他谈了第一次话。当时他哭了，哭得很伤心，并不断说着"对不起"。我以为教育目的达到了，他一定能改正，可不久之后，同样的事情再次发生了。

这一次，我很生气，并且转换了教育方法，不是和他心平气和地谈话，而是悄悄地联合了班上的老师故意冷落他，尔后的效果开始显现。他在这段被老师冷落的时间里伤心难过，我找准了时机再次找到他谈话。这次谈话的开头并没有说之前他的错误，而是用我自身的成长经历作为分析材料给他讲故事，当故事结束，孩子流泪了，这次的泪水是安静的，眼神里流露着懊悔。我趁热打铁直接问他之前对同学做的事情对不对，他的回答很简单：老师，我知道了，我会真心改过。

随后的一段时间里，我终于看到了一个彬彬有礼、学习上进、不骄傲、很低调的孩子。一次课间，孩子跑来跟我说："老师，我以后也想当老师，当一名数学老师。"我说："好的，老师相信你可以的，加油呦！"虽然是一句简单的话，但是我的感受绝不是简单的感动，而是发自内心的一种自豪与满足。

作为一名教师，孩子的成绩固然很重要，但是人格教育更重要，在孩子成长的道路上，我们要用灵魂的热度来温暖学生，用精神的力量感染学生，用教师的品行引导学生。向上、向善、向爱、向美的教育方向才是一名教师应该走的道路。我们在和孩子接触的过程中，他们在朝着好的方向成长，同样，我们也在朝着更好的方向成长，这才是真正的相互成就！

在心田播下一粒好奇的种子，等着春暖花开

杨晓琳

好的科学教育是什么样的？除了那些炫目的、让人惊呼的高科技教具，或许最好的教学是用最纯粹、最真实的方法来培养他们的科学素养和科学思维。作为科学老师，不是站在那些酷炫的高科技旁告诉他们这是什么，而是蹲下来，从他们熟悉而喜欢的角度引导他们认识和了解这个世界，去保护孩子的好奇心，鼓励他们，在他们的心田播下一粒好奇的种子，慢慢地等着春暖花开。

又到了一周一次的科学课，孩子们在办公室门口悄悄地踮着脚往屋里望，在好奇着，今天老师又带来了什么有趣的故事和实验。

教室的黑板上用蓝色和红色线条画了两只正在对抗的拳头，小家伙们纷纷好奇地围在老师身边问着上次没有说完的故事，一个小家伙歪着小脑袋问："红瘦子在磁铁国过得怎么样了？习不习惯？最后他找到家了吗？"另一个小可爱又接着说："蓝胖子圆乎乎的，我觉得他很可爱。""我更喜欢红瘦子，他很谦虚，而且有礼貌，不像蓝胖子，脾气不好！"身边的一位女孩子认真地说道，站在一旁的我竟一点也插不上他们的话题。

二年级《科学》第一单元是"磁铁"，灵光一现设定一个名为"红瘦子"的奇怪家伙在"材料大陆"的寻亲之旅的故事："红瘦子"几经波折，对在路上认识的圆乎乎、说话傲慢的"蓝胖子"有强烈的亲近感，然后来到磁铁王国。故事进行到第三周，二年级的小朋友对"红

245

瘦子"和"蓝胖子"的系列故事充满了好奇和兴趣，在上课前就迫不及待地想知道来到新国家的"红瘦子"又有哪些奇妙的经历。

上课铃声响起，我故作思考，认真说着："磁铁国的国王要选出力量最大的勇士，磁铁国的好多人都去城楼下看公告了，包括我们故事中两位主人翁。蓝胖子认为自己的力气比红瘦子的大，于是两人决定在报名前，就分出胜负！"班里的同学纷纷说出心中的获胜方，我顿了顿说："百闻不如一见，不如让他们较量一番。"

在科学课堂中培养他们的科学思维，就要让学生亲历"大胆假设，小心求证"的过程。在二年级的课堂中，让他们体验了"观察、提问、猜想、实验、结论"的科学探究过程，也只有在这样的过程中才能让孩子们树立科学素养。

课堂中的所有人都在好奇"红瘦子"和"蓝胖子"究竟谁的力气大。在比较一块磁铁哪个部分能吸引最多回形针的环节，中间的部分几乎成为全场票选之王，绝大部分的孩子认为条形磁铁的中间部位磁力最强。但是当用回形针不断靠近时才发现这里几乎不能吸引一枚回形针，那究竟哪个部分才是磁力最强的呢？

带着问题去实验，最后大家发现一块磁铁的两端才是磁力最强的部分。学到这里，我突然想到何不让他们自己实验一下呢？"既然我们找到了磁力最强的部分，是不是可以帮助蓝胖子和红瘦子比较一下他俩谁的力气大呢？"我邀请两位同学站在条形磁铁的两侧，在规定的时间内谁吸引的回形针多谁获胜。同学们摩拳擦掌纷纷想尝试一下，几组同学比试之后都发现磁铁两侧的磁力竟是一样的，"红瘦子"和"蓝胖子"的比赛竟然是平局。得到这个结论后，我们又进一步思考：在生活中，很多事都不适合盲目下结论，而是应该去思考、去实践，去比较，从"一定""绝对"到"也许""可能"，在描述实验的结果之中能清晰地发现孩子们的改变，也许他们的科学态度在转变，科学思维和科学素养也在变化。

下课后，不少同学围着我好奇地问"红瘦子"和"蓝胖子"下次又有什么有趣的故事，我笑着说："我们下周见。"是呀，"红瘦子"和"蓝胖子"的故事还没有结束，正如我们的学生也才刚刚开始他们的科学之旅。

好的科学教育是什么样的？是蹲下来，从他们熟悉而喜欢的角度引导他们认识和了解这个世界，在他们的心田播下一粒好奇的种子，慢慢地等着春暖花开。

陪伴

我们家有个宝贝叫小方

赵晓玲

我们家有个宝贝叫小方。见到小方是在办公室门口，他在同老师说说笑笑，校服黑得发亮，把他的皮肤衬得很白很白，笑起来如太阳花，很灿烂。这个小男孩的笑让我很喜欢。

他就是我们一年级二班的小方，我很喜欢这孩子的性格，开朗、爱笑，长得很可爱，懵懵懂懂。慢慢才知道，他常常表达不清晰，是因为他讲话带一点广东口音，说话时吐字怪得好玩；喜欢喝汤，不吃辣，吃饭还满地撒；上课爱乱叫，一不小心会冒出一长句话来，却又不知道他要说什么；桌箱乱成一锅粥，扫地只会擦黑板，而且特别喜欢擦黑板，因为可以玩水；爱动手打架，只要有人打他，他一定要打回去；喜欢叫我"应哒"，因为我叫 Linda，他嘴里的 Linda 就是"应哒"；送我的玫瑰花是"没堆花"，笑得我不知说什么好，我们二班这个宝贝真的太有趣了！

一次在教室门口偶遇他妈妈，因为很重视孩子的英语学习，她想要积极配合我。平时孩子都是老人看，她不知道如何去引导孩子，所以忍不住想去激发他的学习积极性。后来通过与班主任何老师观察分析，以及和家长深入谈心，我才找到原因：老人溺爱孩子，所以宠出了我们家这个有趣的宝贝。于是我们就对小方每一个突出的习惯制订了一套计划，准备一一突破。

突破路线首先就是陪伴，先陪着就餐。他挑食，一点辣都不能吃，我就主动邀请他共进晚餐。我做出饭菜可口的夸张样子，用各种吃法吸引他，并故意说这个有颜色的菜有什么营养，能让我每个题都算正确，能让我手上不长茧子等。他就餐时满桌都是撒出去的饭粒，我打趣说，小方你落下的饭粒可以养十只鸡了，下次可能没有我的位置了，因为要养十只鸡，你也得换个宽点的地方。我笑了，他也笑了，没想到，第二天他没有邀请我，但我能看到他撒的饭相对变少了，我就故意大声说出来："哇，如果小方明天邀请我共进晚餐，我一定很开心，因为他进步了，他会保护饭菜，替他们找到家了，都没怎么撒出去了。"就这样一点点陪着就餐，一点点鼓励，慢慢地，他不怎么挑食了，饭粒几乎不撒了。

其次就是遇事及时谈心。我发现小方上演"小故事"，马上做积极耐心的引导，用同理心去帮助他解决问题，手把手教。

最后就是等待。耐心教他一字一句，尤其是课堂上，我会有意放慢脚步等他发对音，并抓住闪光点赞扬他。他会很专注于我的课堂，回答问题很积极。

让我难忘的就是教师节，他送我他画的三朵玫瑰花和很多西瓜，因为我曾经介绍过自己喜欢吃西瓜，我自己都不记得了，太感动了。他才给其他老师画一朵花，而我有三朵，真的太可爱了。再有就是我生日那天，他画了很多蛋糕送给我，还要我亲手在画上写"我爱你"，再写上"Linda"。他拽着我的衣袖，要我帮他写"我爱Linda"的那一瞬间，我真的太感动了！

孩子们回赠给我们的如我们陪伴孩子们的一样多，全是爱。

对于我们家的这个小方宝贝，我能做的就是给宝贝成长的力量，让宝贝在我们这个大家庭里快乐生长。我静待花开。

三部手机

杨道景

星期天返校，郭同学交了一部手机，但家长反映他身上可能还有第二部手机。

班主任老师劈头盖脸地一顿批评："交出来，还是……"然后班主任叫郭同学放学后到办公室来一趟。

班主任回到办公室看到郭同学已到了。

"来得挺早的吗！你是一个守时、守信的学生。"郭同学有些诧异，每次进办公室，总受到老师严厉的批评，今天老师不吼不叫，反倒开口就表扬。

老师接着说："其实你是一个很优秀的学生。你知道我是怎么认识你的吗？记得一次演讲比赛，你在台上落落大方地讲了足足20分钟。那次演讲若你稍微注意一下重点，神态自然，肯定能得一等奖。"

"老师您还记得那次演讲？"郭同学好像找到了知己，"我也觉得稍注意一下我就可以得一等奖。"

"学生的能力、成绩老师永远记得，因为这些都是老师的收成啊！"

"再比如你每次能按学校的规定主动把手机交上来，说明你知道手机的利弊，说明你能遵守学校规章制度，你本来就是一个好学生，老师应该再表扬你。"

得到老师表扬和赏识的郭同学心里别提有多高兴。

| 校园一隅 |

此时，老师小声说："唉，要毁掉一个好学生，给他一部手机就足够了。"

听到这话，郭同学更小声说："老师，对不起，我错了，我还有一部手机没有交。"

"学校到寝室查过，到教室查过，为什么没有查到？"老师微笑着追问。

"老师，我放在教室电脑柜下面的粉笔盒里，在那里同学发现不了，班长发现不了，还方便充电。"

"但我保证我很少玩。"郭同学认为老师要生气，补充说道。

"你智商真高，知道越危险的地方越安全，你可以当侦探。"

251

郭同学想，老师可能在讽刺自己。

老师接着心平气和地说："我们谈谈第二部手机，私藏手机肯定不对；但看你藏手机的地方说明你聪明，要是把这个聪明劲儿用在学习上，你肯定前途无量。"郭同学这才放心，老师是真心地赏识自己，他感动得流下了眼泪，含泪说："老师，我知道自己又错了，我还有一部手机。"

"在什么地方？"

"就藏在你办公桌最下面的抽屉里。"

"啊……"

我们感悟是：第一部手机是按规章制度交上来的，第二部手机是表扬交出来的，第三部手机是靠自身的力量成长供出来的。三部手机体现了靠自身的力量成长的教育过程。

这个故事告诉我们，有时候微笑比严厉更具力量，赏识比批评更具激励作用。

春风秋叶，恰遇小严

徐金艳

人们都说：世间所有的相遇都是久别重逢。我想，作为一名教师，能跟自己所有的学生相遇，一定是一场妙不可言的重逢，恰如我跟小严。

初见她时，她双目灵动、两颊泛红、身量小巧。转眼一年即将过去，她身量高挺了些，双目依旧灵动，两颊的红晕褪去了些，多了几分沉稳，多了几分持重。

在 2020 年的 9 月，在夏荷与秋叶相遇的季节，在我与博雅初相遇的时候，我与小严也相遇了。她是我在博雅遇到的第一批学生之一，这一年，我已和她看过了博雅的夏花、秋叶、冬雪、春风。

犹记得见到小严的第一个场景，那是新生入学的第一天。那天，她旁若无人地在教室外面的长凳上高声唱歌，仿佛周遭的人都与她无关。"这小姑娘可真特殊啊！"我忍不住在内心感叹。

在按下来的一周军训时间里，她的"特殊"更是一点点显现。她以最快的速度和班上的同学打成一片，毫不羞涩地在连队唱歌，抱怨军训的辛苦。我忍不住又一次感叹她的"特殊"。有一次，她甚至大胆地走上讲台，直接说道："我想当班长，我在博雅也读了三年了，肯定能当好班长。"这时我才知道，原来她是博雅的"老人"了。

军训结束后，我接到通知，除了担任他们班语文老师外还要担任他们的副班主任。"责任重大啊！"我内心一阵云涌。

253

开学后，她如愿当上了班长，替她开心之余我也多了一份担忧，怕自己跟她合作很难。很快，我的担心成了现实。月考前，我拿着考试安排表去教室准备组织学生安排考场，可刚到教室，她就一把抢去了我手里的安排表，说她来弄就好。我尴尬极了，只好悻悻地离开教室。她高一第一次月考语文没有及格，我想给她补课却遭到了拒绝，我又一次尴尬不已。

本以为我和小严会一直这样相处下去，但在开学后的一次餐前演讲后，我们的关系有了缓和。那天，她因演讲超时被扣了很多分，内心愤愤不平，饭也没吃就跑出食堂。待所有学生演讲结束后，我立马出去找她。我找到她的时候她泪眼婆娑。那一刻，我意识到她也只是个青春期脆弱的小女孩。我过去安抚她，不出意外地被拒绝了。好在我很有耐心，在她情绪平复一些后我给她解释了她被扣分的原因，然后在我们的聊天中她慢慢释怀了。

真正改变我们关系的是一件事：有一次晚自习学校突然停电，我到教室陪伴学生时发现她不在教室，我着急地让学生出去找她，可寻找无果。来电后，我准备再去找她时，她回来了。她双眼充斥着红血丝，一看就是刚刚哭过，我飞快地走过去抱住了她。从那天以后，我们的关系变得亲密无间。

有一次，我问她为什么对我的态度转变得那么大，她认真地对我说："因为她独自面对黑暗后，我给她的那个拥抱，让她觉得十分温暖，从那以后，她觉得光都有了形状。"这样的答案，让我的心温暖起来。

在秋风将博雅的枫叶吹得所剩无几的时候，我迎来了自己工作最忙的时节。一面准备学校迎检材料，一面准备迎接月考，还要代表学校去参加比赛。众多事务堆积在一起，让我每天忙得如旋转的陀螺，所以每天去查寝都很晚。可无论我多晚去，小严都会亮着一盏台灯边学习边等我去寝室看她们。每天，她都会跟我说一句"晚安，徐徐，您辛苦了"。

有一天，我回到自己宿舍时发现门缝里夹了一封信。我展开信，发现是小严的笔迹。在信中，她表达了希望我能好好休息的心愿，并送上了她的祝福，信里有一句话我一直难以忘怀："我希望徐老师一直开心下去，现在你给我前进的力量，我希望我以后也能长出保护你的臂膀。"这样的话语，让我内心一瞬间充满力量。

从那以后，小严常常用文字向我表达她的内心，也是在一封封书信中我了解到，她的性格之所以会像现在这样，是因为处在单亲家庭中，父亲独自抚养她，当严父遇到了叛逆闺女，摩擦也就不可避免。为了让她和父亲更好地沟通，我与她父亲进行了一次次深入的谈话。家校间的互动起了效果，她和她父亲的关系似乎好了些。在这样毫无保留的沟通中，我也经常给小严指出她性格中的问题，她一一接受并慢慢改正。就这样，她学习进步很快，在学期考试中成为年级进步前十的学生。我相信，她的所有努力，终有一天都将化为她的赞礼。

卢梭说："好的教育是实实在在地影响学生的心灵。"我不知道我的言传身教是否真的影响了小严的心灵，可看着她行事一天比一天稳重，眼神一天比一天简单，我想她在博雅的校园里真的在好好地健康成长了。

苏霍姆林斯基说："没有爱，就没有教育。"对于自己的学生，我们博雅的老师都倾注了所能给予的全部的爱。

我希望他们在以后的成长路上不要沮丧，不要惊慌，努力做向上爬的蜗牛。终有一天，他们会成为自己最想要的样子，因为一个人拼命向上攀爬的时候，全世界都阻挡不了他的光芒！

聊聊"我们家的那些事"

黄　娴

　　有这么一个小家庭，和睦而温馨，家里的每个人，每件事，都牵绊着黄老师这位"大家长"的心，这个家里都有谁呢？那当然是39个性格独特的小精灵喽。背负着同一个梦想，他们不忘初心，砥砺前行。春去秋来，校园里的一草一木，一砖一瓦，一虫一鸟，都诉说着黄老师和她的"小精灵"们的故事。那年秋天，他们遇见了，故事开始了，刚刚好。

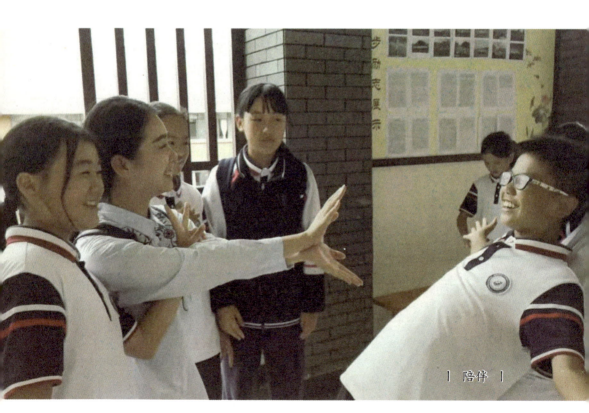

"黄老师，这个周末，我和女儿好开心"

俗话说："七年级不分上下，八年级两极分化，九年级天上地下。"八年级的精灵们正处于跌宕起伏、影响深远的"分水岭"阶段，心理发育和心理发展的急剧变化使得他们变得让人费解。一方面，他们有独特的个性，另一方面，他们又离不开对长辈的依赖。Linda 宝贝，正好是此类精灵的典型。一周回家一次，刚刚见到妈妈，先是灿烂地笑，再是迫不及待地冲出校门，最后甜甜地挽着妈妈的手，挥手和我道别。可是好景不到一个小时，她的笑脸不见了，小嘴嘟着，眉头紧皱着，好个不乐意。我了解下来，原来是她妈妈问及学习，谈及规章制度，Linda 就"变脸"了。在"我们"家，有个"家规"：每个周末，小精灵们在适量的"手机时间"后，都要放下手机，拾起难得的亲子时间，和家人做做饭、看看电影、散散步、说说话、唠唠嗑，走进彼此的心里。周末过后，我会和小精灵们聊聊回家的趣事，也会和家长们沟通孩子们在家的情况。这样一来，在倾听和分析中，孩子理解了爸妈的难处，爸妈也了解了孩子们的心情。慢慢地，精灵们更加懂事了，家长们也更享受这份天伦之乐了。读了 Linda 妈妈的一条信息："黄老师，这周我和 Linda 很开心。她主动和我聊起学校的一切，听着她的分享，我也觉得幸福，感谢您！"我更加肯定了"我们家的家规"。

"黄老师，今早您去哪了，看不到您，我们好不习惯"

记得某个周二的晚上，我在办公室里批改晚自习刚考的周考试卷，便没有去给精灵们说"晚安，明天见"。第二天一早，我到食堂里匆匆看了精灵们就餐的情况，便走向了任教的第二个班。直到大课间，

257

才终于和他们碰面。见到我，精灵们激动地问道："黄老师，您去哪了？今天一早都没有看到您？""黄老师，听 A 老师说，您脚痛，好些了吗？""黄老师，怎么感觉好久都没有看到您了？""黄老师，昨晚您没有来寝室，我们等您好久。""黄老师……"

听到这里，我的鼻子一酸，眼泪"刷"地掉了下来。原来，看不见我，他们会着急，他们会期盼，他们会心里不安，他们会担心；原来，在不经意间，我们住进了彼此的心里。日日夜夜的守护和陪伴，坚定了我们之间浓浓的师生情谊。成长册上，A 同学写道："老黄这个人，我还真是越来越喜欢了。"看到这里，我笑了。孩子们长大了，懂事了。

"黄老师，我想把最红的那颗杨梅摘给您，所以我迟到了"

"我们家"还有一个约定：晚上 6：45，我都会在教室里等待他们的到来。不管是跑步的、散心的、打球的，还是问作业的，6：45 准点进教室。这一天，球友们迟到了，我一个一个地了解情况。走近 Alan 时，他缓缓伸出右手，展开拳头，一颗红红的杨梅出现在我眼前。还没有等我开口，他便说："黄老师，我想把最红的那一颗杨梅摘给您，可是摘杨梅的人好多，我够不着，又想着您在教室等我，我赶紧想办法摘了一颗，回教室晚了一点点。不然，那颗最大最红的杨梅，一定是您的。您尝尝，甜不甜。"说罢，把杨梅塞到我嘴里。那一刻，酸酸的杨梅甜了。

教育本身就意味着一棵树摇动另一棵树，一朵云推动另一朵云，一个灵魂唤醒另一个灵魂。我们家的事，说不完，道不尽，事无巨细，事事育人，我愿用最长情的陪伴，来编写属于我们家的那些事。

别让"小心思"搅了"成长"的局

孙婧越

曾在一本书中看到这样一段话："我，坐在斜阳浅照的石阶上，望着这个眼睛清亮的小孩专心地做一件事；是的，我愿意等上一辈子的时间，让他从从容容地把这个蝴蝶结扎好，用他五岁的手指。孩子你慢慢来，慢慢来。"读到这段话的时候，仿佛世界静了下来，周围的一切也模糊了，仅剩一个可爱的孩子捧着他努力扎好的蝴蝶结对着我甜甜的微笑。看着身边这一群可爱却时而淘气的孩子，我想，要沉淀自己急躁的性子，像一缕徐徐而来的春风，不急、不躁……

七年级是孩子从小学跨入初中的转折之年，他们想象着自己已经是一名有新的思想，有自己独特观念的哥哥姐姐了；也是在这起始之年，他们尝试着新的想法，藏着新的心思和情绪，他们也在适应新的环境，对于新增加的各门学科，他们应接不暇，又或许操之过急，总是达不到自己预设的目标。

这学期开学不久，我的班上有一个男孩子，他在英语学习上总是不如意。他的妈妈告诉我，他小学没有认真学习过英语，总是不上心，怎么办呢？看着他的听写一次次地不如意，我也很着急。一遍遍重听，一行行订正，一篇篇红圈……我开始认为他不用心、不过脑，就找他来办公室，想听听他会怎么辩解，若是真的态度不端，还得想个法子改变他。第一次，翻开作业本，我让他数一数有多少错处，听写本上写错了几个单词。他不语。我给他时间重新背诵，他还是没法完成。

我问他:"你自己说该不该罚?"他倒是个耿直孩子,说:"老师,您打我手心二十下吧。"听着这话,我怎能忍心下手?看他耷拉着脑袋,我说:"你倒是不怕疼,可如果老师就因为这些单词、错误就这样罚你,老师会心疼,戒尺给你警戒,但三下希望你能长记性。"他眼睛一亮,朝我点了点头。但在他撸起袖口的那一刻,他瞬间又慌乱地拉下了袖子。

眼尖的我在那片一瞬间看到了他手上系着一根小皮筋(这个年纪的小孩子,有个"暗号":小皮筋是代表心里的那个女孩)!我找到问题的源头了!"哟,看来你的问题还不简单哦,今天你得在办公室待长一点的时间了!"我目光尖锐地盯着他,他眼神闪躲,一只手还藏在身后。"拿来吧!"他不承认,可也没躲过我的犀利发问。"老师也是从你这个年纪过来的,你以为这点事儿我看不明白吗?"他呆住,心里可能在想一万种对策,可能也来不及想,只是慌张。"来,坐下,其他事先放一边,咱俩聊聊……"

探寻到了他的小心思、小秘密,虽说是处理青春期的事儿,青春期特有的小情绪,比起用"解决"或"处理"这听起来决绝的词,我更倾向于用"疏导"。慢慢地,我了解了整件事的来龙去脉……"嗯,她有一个好听的名字。"我跟他聊着,想起曾经读过的一句话——"青春期是人生的第二次诞生",在新的成长阶段,感情丰富的孩子自然有些方面开窍得比别人早,但这也并没有错,都是成长必经的过程,这样的懵懂才是最单纯、最可爱的青春啊!喜欢和好感是人再正常不过的情感,但这份情感在年少时就如同一朵含苞待放的花骨朵,没到它绽放的时间就摘下,不仅不会好看,而且还会枯萎;像刚刚冒出头来的涩果子,不仅不会甜蜜,反而还会令人流泪……但幸运的是我捕捉到了他正需要帮助的此刻,他愿意敞开心扉跟我说,更幸运的是他能听得进去我说的话。我跟他约定,感谢他人的喜欢,让自己发现身上的闪光点；收起自己的小心思，把这份美好永远埋藏在青春的记忆里。从现在开始，在还没有落下太多功课的时候，一切都还来得及，厘清自己的思绪，收起一些所谓的"关系"，专注于自己的学习，当你变得更优秀的时候，未来你才能配得上你喜欢的女孩。

那之后，他上课精神了，能举手回答问题了，在食堂等餐的时候能静下心写作业了，早上还会调闹钟早起背单词了……对了，他还会关心老师了，即使他被我叫出来"单聊"的次数依然"居高不下"，但他在成长册上写道："孙老师，你的声音都变得沙哑了，记得吃药，注意保暖！"即便他的成绩还没有突飞猛进，但至少，我看到他真切地在努力，而不是装模作样欺骗自己。他也从第一次月考的年级第301名，到第三次月考的第242名，英语也慢慢站上了及格线。或许这只是一小步，却是他成长的一大步！我也期待着他继续进步！

教育当如十里春风，徐徐吹拂着花园里的每一片叶子、每一朵花苞，作为一名园丁，我始终坚信每一朵花都有盛开的理由。

教师篇

习茶听书，茶语人生

袁　静

| 茶文化课 |

当走进风格古雅的贵阳清镇市博雅实验学校，了解了致力于唯一教育的课程体系后，我惊喜地发现博雅竟然还有这样一门特色课程——茶文化。据悉，博雅是贵州省首个将茶文化课程引入中小学必修课的学校，由"国茗鸿渐"专业茶文化讲师团队为孩子们授课，以此来培养学生的优雅气质，涵养学生的丰富情趣。

通过这几年的教学实践与成果研究，我深知中小学的学习经历是一个人价值观形成的重要时期。茶文化的学习，有利于对学生进行全人教育，有利于加强同学们对中华传统文化的了解，是学生生涯中非常重要的一项学习任务。此外，茶文化是中华民族的优秀传统文化之一，是中华民族伟大复兴文化体系中的重要文化支系，而茶文化进校园是茶文化和教育改革结合的成果，也是教育工作者和茶人合作的一个创新。

以茶为载体，礼为核心，通过课程的形式，把传统文化和素质教育有机而和谐地结合在一起，让学生在茶文化的熏陶下，美化生活、净化心灵、善化社会、文明世界，以"润物细无声"的方式对孩子进行熏陶，让孩子们在德智体美诸方面都得到哺育，并使他们成为既合乎时代要求，又具有传统美德的合格人才，极具深远意义。

因此，我们从内容繁多的茶文化资料中提取出了符合青少年儿童身心发展规律的课程体系："一杯茶的分享"旨在让学生以茶为载体，知理明礼，广博学识；"茶与中国礼仪"的课程内容旨在以茶学礼，规范言行，知礼明责；"茶与中国历法"的学习让学生把握规律，顺应自然，健康饮茶；"茶与中国智慧"的教学内容使学生启迪心智，厘清情绪，净化身心；"茶的冲泡技巧"环节让学生注重把握茶性，知茶用器，遇事能办；"茶与美学设计"令学生陶冶情操，清点生活，美化人生。此外，根据二十四节气及我国传统节日举办的各种茶会及茶艺表演，既锻炼了学生的组织能力、社交能力和口才，又满足了学生的表现欲望，进一步展现出茶文化课程从社会公德、家庭美德和公民道德等方面对学生进行教育的效能。

如今，茶文化的修身养性作用和品德教化功能已在学生身上得到初步体现，以下为部分学生感悟分享：

来到了这个学校，我惊喜地发现，学校竟然开设有茶文化课！踏入教室的一瞬间，我就被深深地吸引住了：棕色的茶桌上错落有致地摆放着各种茶具；古色古香的挂帘随风轻轻地飘荡，舒缓的音乐缓缓地流淌在教室里。茶文化老师长裙飘飘，气质端庄，似乎跟周围

教师篇

的环境融为一体。她告诉我们，从中国发现和利用茶叶，到现在已经有 5000 年了，中国是茶的故乡，也是最早种茶、饮茶的国家，而茶艺与茶道精神是中国茶文化的核心，是我们中华文明几千年来的精粹……从此，我便深深地爱上了茶，爱上了茶带给我的那份自信与庄重。

——学生王诗涵

自从上了茶文化课，我平时没事的时候也会喝一喝茶、品一品茶。我平时爱喝绿茶，很享受那种入口微苦，回味甘甜的感觉，它爽口、润喉，夏天喝了会有凉爽的感觉，它能让人在炎热的夏天平静下来。久而久之，人的心便逐渐平静，不常发怒了。这样对心的修养会让我们的心境越来越宽广，使我们的心灵得到慰藉。

——学生冯子艺

在来博雅之前，我虽然练过舞蹈，可还是有些驼背，妈妈也经常提醒我，可还是改不了。后来学了茶文化，我渐渐调整自己的坐姿和站姿。在家中，也会练习静坐和静站。妈妈也夸我的气质不一样了！这让我挺自豪的。

——学生李虹娇

我想，一个爱茶的人，必然也是一个高雅、和善的人。茶在古代就被作为美好的代称，茶叶象征着坚贞的爱情和永恒的友谊，而在茶艺和茶文化的浸染下，不论是行为举止，还是内涵修养，想必都会越发地温润醇厚。文以载道，茶亦能载道。在高低流转水流蜿蜒之间，在平心静气默默饮茶之间，在相视一笑欠身行礼之间，那蕴含的千年风光，便已经道尽了。

——学生彭涵

随着时间的推移，现如今茶已成为我们生活中不可缺失的一部分。平日里，凡家中来了客人，在待客时，我们通常会泡一杯家里上好的茶，双手递给客人。为了避免客人烫到手，倒茶时一定不能多于七分满，让客人双手接茶时能有余地，这便是中国留存的待客之道。作为中国特色文化的茶，早已在人们心中留下了深深的烙印，无论何时何地，手中能有一杯温热的茶，心中仿佛就有了一份家的归属感和安全感。茶不仅是一种对自我的修身养性，更是对历史的铭记。它告诉我们应兼容并蓄，广开胸怀，对万物持有平等之心，这也是中国一直以来所颂扬的精神。

——学生颜睿

此外，也有一位家长深有感触，说道："一个学校的教学理念和特色课程对于一个孩子的发展起到关键作用。孩子进入学校以后，转变很大，除了老师们全心的爱，更值得一提的是学校的特色课程，它对孩子的发展起到功不可没的作用，特别是茶文化课对孩子影响很大。以前孩子急躁，静不下心来学习，通过学校茶文化的熏陶和润泽，孩子的心灵得以很好地修养，举手投足间显得自信优雅，对学习也很上心，孩子的这些进步让我们家长看在眼里，喜在心上。"

作为博雅的茶文化老师，我充分感受到了成长的快乐与未知的幸福，深知自己在传播茶文化这条路上还有很长的路要走，但我更相信，在博雅，会有一群有使命有担当的人将会和我们肩并肩，一起传承中国的优秀传统文化。

教 师 篇

六月　我送你远航

陈士友

五月的蓓蕾含苞待放
六月　你怀揣梦想
即将远航

在博雅
你走过春天的碧绿
走过秋天的金黄
我是你盛夏路过的树荫
偶尔吹过的清凉

远方的号角已吹响
纵有离别的惆怅
我会微笑着
目送你启航

犹记你初进课堂
犹记你那怯怯的模样
犹记你小小的顽皮
犹记你眼中的迷茫

犹记你激情的演讲
犹记你运动场上的顽强
犹记你坚定的目光
我——
荣幸见证了你的成长

一年年寒来暑往
一天天朝夕守望
也许你有过对束缚的不满
也许你有过对老师的失望

我无怨无悔啊
因我不希望你是断线的风筝
因我不希望你像马儿脱缰
只有经受磨砺的翅膀
才能在蓝天自由翱翔

你们正在打点行囊
明天就要远航
请记住博雅的校训
请记住老师的期盼

无论你身居何方
将理想放在心中
将责任扛在肩上
胸怀家国
努力学习
快乐成长

人生漫长而又漫长

有风雨　也有艳阳

别因错过而感伤

错过的车

你永远不知开往地狱还是天堂

人生难免会有磕磕绊绊

这是生活本真的模样

乐观、豁达、坚强

这是我对你们最大的期望

雄鹰自当搏击长空

蛟龙定会遨游海洋

孩子们

你们怀揣梦想

我们目送你们远航

十年磨一剑

六月试锋芒

请带上我们的祝福出发

祝福你

六月海运　鹏程万里

祝福你

新硎初试　光芒万丈

注：毕业晚会班主任集体朗诵诗

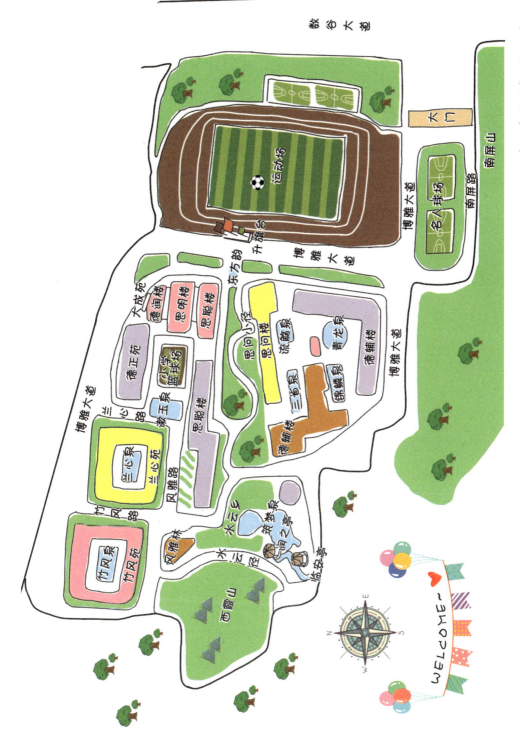

图书在版编目（CIP）数据

孩子的成长是我们家的事 / 刘平主编 . — 长春：
东北师范大学出版社，2021.10

ISBN 978-7-5681-8514-1

Ⅰ.①孩… Ⅱ.①刘… Ⅲ.①学校教育－合作－家庭
教育－研究 Ⅳ.① G459

中国版本图书馆 CIP 数据核字 (2021) 第 214645 号

□责任编辑：岳国菊　□封面设计：牛淑娜
□责任校对：于天娇　□责任印制：许　冰

东北师范大学出版社出版发行

长春净月经济开发区金宝街 118 号 (邮政编码：130117)

销售热线：0431 – 84568025

网址：http：//www. nenup. com

电子函件：sdcbs@mail. jl. cn

东北师范大学出版社激光照排中心制版

河南瑞之光印刷股份有限公司印装

2021 年 10 月第 1 版　2021 年 10 月第 1 次印刷

幅面尺寸：170 mm×240 mm　印张：17.5　字数：216 千

定价：48.00 元

如发现印装质量问题，影响阅读，可直接与承印厂联系调换